MÉTODO **TED** PARA HABLAR EN PÚBLICO

Jeremey Donovan

MÉTODO **TED** PARA HABLAR EN PÚBLICO

Los secretos de las conferencias que triunfan en todo el mundo

Ariel

Título original: *How to deliver a TED talk*

Primera edición: mayo de 2013
Primera edición en esta presentación: abril de 2024
Tercera impresión: octubre de 2025

Avda. Diagonal, 662-664, 08034 Barcelona
Editorial Ariel es un sello editorial de Planeta, S. A.
www.ariel.es
www.planetadelibros.com

ISBN: 978-84-344-3751-7
Depósito legal: B. 5.249-2024

Impreso en España

ÍNDICE

Capítulo 1

DIFUNDE TUS IDEAS

Si sueles recrearte visionando los vídeos de las charlas TED, probablemente recuerdes la sensación que tuviste cuando viste el primero. Dieciocho minutos de pura inspiración. El cometido de las charlas TED es compartir ideas que merecen ser difundidas, y los encargados de hacerlo no defraudan. Pese a no ser nombres conocidos, *sir* Ken Robinson, Jill Bolte Taylor y otros miles hipnotizan a un público cada vez más numeroso con el potente contenido que presentan, sus exposiciones y el diseño de sus charlas.

En el supuesto improbable de que todavía no hayas visto ninguna de sus conferencias, has de saber que TED es una organización sin ánimo de lucro dedicada a difundir ideas emocionantes enmarcadas en los ámbitos de la tecnología, el entretenimiento y el diseño. Si bien TED cuenta con distintas líneas de actuación, las dos más destacadas son sus exclusivas charlas y su práctica inclusiva de colgar las presentaciones de manera gratuita en internet.

Si has visto bastantes vídeos de TED, te habrás percatado de que dos tipos muy concretos de presentadores llenan con su presencia el escenario. El primero de ellos engloba a personas con empleos fascinantes y especialmente talentosas. El segundo tipo son personas como tú y como yo que comparten anécdotas o vivencias asombrosas.

Personas como Pranav Mistry y David Gallo pertenecen a la categoría de aquellos con empleos fascinantes. El biólogo marino Gallo cautiva al público con las maravillosas criaturas captadas a diez mil leguas bajo el mar. Mistry, un genio del MIT Media Labs, nos permite asomarnos al futuro y anticipar cómo interaccionaremos con los datos en el mundo físico. Su tecnología SixthSense, compuesta por una cámara portátil y un proyector conectado a un *smartphone*, permite a las personas proyectarse un teclado telefónico en la palma de la mano y materializar e interactuar con internet sobre cualquier superficie. Es imposible describir en palabras lo revolucionaria que es esta tecnología, así que te invito a que descubras esta TEDTalk en la Red.

Tener un talento especial para algo también puede conducirte al escenario de TED. Dos ejemplos destacables son Arthur Benjamin y sus trucos de «matemagia» o la hechizante versión del *Bohemian Rhapsody* de Queen con la que Jake Shimabukuro nos deleitó al ukulele. ¿Quién habría sospechado que pudiera salir un sonido tan extraordinario de un instrumento parecido a una guitarra de niños con solo cuatro cuerdas?

Pocos de nosotros tenemos la suerte de conseguir empleos que susciten la envidia de nuestros amigos. Y menos aún hemos dedicado nuestras vidas a perfeccionar un talento concreto ni hemos invertido miles de horas en lograr un dominio asombroso de este. Así que ¿dónde nos situamos el resto de los mortales? ¿Cómo podemos abrirnos camino hasta el escenario de TED e inspirar al mundo con nuestras palabras?

La segunda tipología de ponentes son como tú y como yo, personas normales con historias extraordinarias que contar. Tal vez tu primera reacción sea derrotista: «Yo no tengo nada fascinante que explicar. Mi vida es aburrida y "normal". No me dedico a investigar el cerebro y he sido capaz de estudiar mi propio derrame cerebral, como hizo Jill Bolte Taylor. Ni me crie en África y me he convertido en una célebre novelista, como la nigeriana Chimamanda Adichie».

Pero lo cierto es que, si has logrado llegar a la edad adulta, seguramente habrás vivido incontables historias de perseverancia frente al fracaso. Habrás amado y habrás perdido a seres queridos. Habrás hecho daño y también a ti te habrán herido. Nuestras vidas cotidianas están salpicadas de momentos extraordinarios. Tus relatos pueden inspirar a los demás; lo único que necesitas es aprender a compartirlos con todo tu ímpetu emocional.

El problema no radica en no tener suficientes historias, sino en tener demasiadas. Jill Bolte Taylor no nació siendo neurocientífica un día, tuvo un derrame cerebral al día siguiente y al tercer día la invitaron a exponer su caso en el escenario de TED. Ha vivido miles de experiencias destacables, pero ha elegido hablar solo de una. Este libro te ayudará a seleccionar una idea excepcional y te enseñará a compartirla de un modo inspirador.

Los organizadores de las conferencias TED comparten un conjunto de Diez Mandamientos con los ponentes a quienes invitan a participar. Mas, aunque tales directrices efectivamente desvelan algunas de las prácticas más convincentes, no revelan cómo impartir una TEDTalk. He agrupado estos diez puntos en las dos categorías siguientes, que cubren, por un lado, el contenido y, por el otro, la presentación:

- **Contenido**
  - No desplegarás tu truco de siempre.
  - Tendrás un gran sueño, mostrarás algo maravilloso o compartirás algo que jamás nadie haya compartido antes.
  - Contarás una historia.
  - No venderás desde el escenario ni tu empresa, ni tus productos ni tus escritos. Ni buscarás desesperadamente financiación; de lo contrario, serás condenado a la oscuridad más absoluta.
  - Recordarás en todo momento que reír es bueno.

- **Presentación**
  - Revelarás tu curiosidad y tu pasión.
  - Comentarás a tu antojo exposiciones de otros ponentes por el bien de la bendita conexión y la polémica exquisita.
  - No alardearás de tu ego. Te mostrarás vulnerable y hablarás tanto de tus fracasos como de tus éxitos.
  - No leerás la ponencia.
  - No robarás tiempo a tus seguidores.

Las páginas siguientes proporcionan una guía para saber «cómo» impartir una conferencia inspiradora. Dicha guía se basa en un estudio exhaustivo de las charlas TED más populares. Paso a paso, aprenderás a seleccionar un tema, hilvanar tu narración, exponerla con vehemencia y refinar el diseño.

Nota: *En adherencia a la norma del «uso justo» contemplada por la legislación de los derechos de autor estadounidense, este libro hace un uso limitado de extractos de las TED Conferences LLC sujetos a* copyright *con el objetivo de comentarlos y aportar un bien público mejorando las habilidades de presentación en público de los aspirantes a ponentes. Pese a no estar afiliado a TED, espero sinceramente que este libro aumente considerablemente el número de personas que conocen esta organización y su cometido. Todos los nombres de empresas y productos mencionados en estas páginas son marcas comerciales o marcas comerciales registradas de sus respectivos propietarios.*

Primera parte

CONTENIDO, ARGUMENTO Y ESTRUCTURA

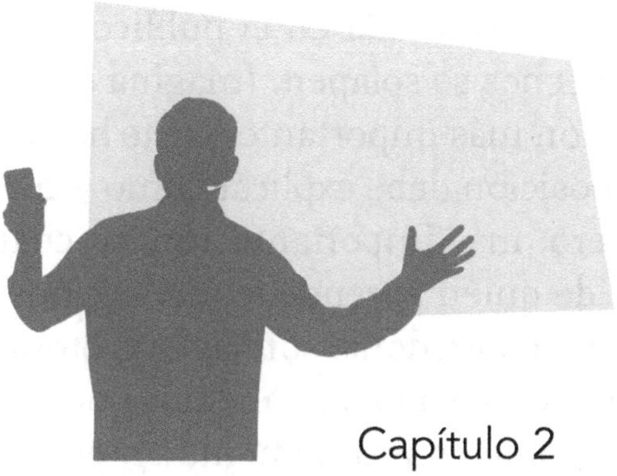

Capítulo 2

CÓMO ELEGIR EL TEMA

Para crear una TEDTalk seductora debes empezar con un fin en mente. Cuando cada uno de los asistentes abandone el auditorio o cuando el internauta avance a la siguiente página web, debes haber sembrado una semilla que o bien despierte su conciencia a un nuevo modo de pensamiento o bien lo persuada de pasar a la acción. Tu objetivo es sembrar esa sola semilla de inspiración.

Seleccionar un tema exige un acto de profunda introspección. Pese a que las historias son el elemento nuclear de cada TEDTalk, plantearse «¿Cuál es la historia más asombrosa que puedo explicar?» es un planteamiento erróneo. En su lugar, comienza por formularte interrogantes que te lleven a descubrirte, como por ejemplo: ¿cuál es la lección más importante que he aprendido en la vida?, ¿en qué momento he experimentado la máxima alegría?, ¿y la más honda de las penas?, ¿cuál es mi misión en la vida y cómo puedo conseguir que otras personas se sumen a mi cruzada personal?

Una vez des con una idea nuclear, retrocede para

construir una narración centrada en el público donde las anécdotas y los hechos se solapen. Imagina que decides explicar la lección más importante que te ha enseñado la vida. Tu exposición debe explicar cómo y cuándo la aprendiste. Pero, más importante aún, tu charla debería mencionar de quién aprendiste esa lección, ya que las historias más inspiradoras son las que otorgan el papel protagonista a otra persona. A medida que construyes tu ponencia, ponte constantemente en el papel de un espectador escéptico que se pregunta «¿Y qué?» o «¿Y a mí de qué me sirve eso?».

De las diez TEDTalks más vistas a finales de 2011, siete se centraban en inspirar un cambio en las personas. Los conceptos que abordan no encierran ninguna novedad. No hay nada nuevo bajo el sol (¿qué decir?, cuando esta expresión es ya una cita bíblica con dos mil años de antigüedad extraída de Eclesiastés). Las siete conferencias mencionadas giraban en torno a conceptos internos a la mente humana, entre los cuales figuraban: las enfermedades mentales, la creatividad, el liderazgo, la felicidad, la motivación, el éxito y la valía personal.

Las tres TEDTalks restantes más vistas tienden una red más amplia catalizando el cambio interpersonal y social. Nos instaban a acometer acciones o modificar nuestra concepción de la salud pública, la educación pública y la diversidad. Los ponentes que las pronunciaron no eran los primeros en explorar estas temáticas y tampoco serán los últimos, pero nos conmovieron al trasladarnos su perspectiva sobre por qué son tan importantes estos conceptos y cómo puede propiciarse el cambio.

Cuando pienses en establecer conexiones emocionales que inspiren al público, recuerda siempre que, por norma general, las personas tenemos cuatro necesidades hondamente arraigadas que afloran una vez satisfecha nuestra necesidad de salud fisiológica y de seguridad física.

La primera de ellas es la necesidad de amor y de pertenencia. A mediados de 2011, Gerda Grimshaw escribió la pregunta «¿Qué os hace felices?» en un grupo de debate de TED en LinkedIn. Gerda es fundadora de Call Mom, un servicio de referencia gratuito que conecta a madres solteras y sus hijos con recursos y educación para propiciar su autosuficiencia y ayudarlos a prosperar. De las más de 100 respuestas generadas, 92 de ellas correspondían a personas que explicaban honestamente su fuente de felicidad. Pese a que mi planteamiento no era defendible en términos científicos, clasifiqué y categoricé las respuestas para entender el secreto subyacente a la felicidad. Como comprobarás en la lista siguiente, el amor y la sensación de pertenencia, expresados a través de la interacción social, ocupan el primer puesto de la lista:

- Interacción social con la familia, los amigos y, sí, también con las mascotas (30,4 %)
- Contacto con la naturaleza (12,0 %)
- Obras benéficas y voluntariado (10,9 %)
- Finalizar las tareas pendientes (9,8 %)
- Inspirar a otras personas mediante actividades como el *coaching*, la enseñanza o la escritura (7,6 %)
- Introspección y aprendizaje (7,6 %)
- Conciencia o «vivir el presente» (6,5 %)

- Salud, en especial entre personas que padecen enfermedades crónicas o han padecido una enfermedad reciente (5,4 %)
- Placer físico y ejercicio (5,4 %)
- Expresión personal (2,2 %)
- Bienestar económico (2,2 %)

La segunda de las necesidades profundamente arraigadas es el deseo y el interés en uno mismo. De la lista anterior, el placer físico y el ejercicio, así como el bienestar económico, se incluirían en este grupo. Lo cierto es que la frecuencia de estos aspectos entre la población general probablemente sea algo más elevada, pero existe un cierto tabú social a confesar estos deseos en los foros de debate más impolutos y no anónimos de LinkedIn. Si consideras que estos temas no son lo bastante sustanciales para una TEDTalk, te invito a que recapacites. Mary Roach explicó «10 cosas que no sabías del orgasmo» en su presentación en TED2009 y Helen Fisher reveló «¿Por qué amamos y engañamos?» en su conferencia en TED2006. También hay multitud de charlas sobre dinero, si bien con un cierto sesgo hacia inspirar a las personas a superar sus inhibiciones y perseguir sus sueños emprendedores.

Acelerar el desarrollo personal es la tercera necesidad fundamental a la cual puedes recurrir para conectar con el público. Todos queremos aprender y madurar. Todos sentimos curiosidad por nosotros mismos y nos esforzamos por desafiar y, en última instancia, superar nuestras limitaciones. También sentimos curiosidad por el mundo que nos rodea. Por ejemplo, si tienes una receta para fijarte y alcanzar metas, entonces tienes la base para generar una TEDTalk fantástica. La mecánica de este tipo de tema es bastante corriente; lo novedoso es la historia de cómo uno fracasa, aprende y supera las adversidades.

No es casualidad que «Esperanza y cambio» fuera el lema central de la campaña presidencial de 2008 de Barack Obama. De hecho, es el lema de cualquier movimiento generalizado, ya sea social, político o religioso. Y es la cuarta necesidad fundamental que tenemos en tanto que seres humanos. Para seducir al público, ayúdalo a convertir el statu quo en su enemigo y a contemplar la promesa halagüeña de un mañana que de momento queda fuera de nuestro alcance, pero por el cual merece la pena luchar. Tarde o temprano, en nuestras vidas, nos despertamos y nos hallamos frente al abismo insaciable del sinsentido de nuestra existencia. Todos queremos tener un papel relevante. Y lo que debes hacer es brindar a tu público los medios y la voluntad para dejar su huella en el universo.

La mayor parte del tiempo, el mejor modo de abordar un tema es seleccionar un único mensaje unificador que desees comunicar y luego estrujarte el cerebro en busca de vivencias asombrosas que aporten profundidad emocional a la lógica de tu mensaje. Si te quedas atrapado, hazlo al revés. De todos modos, nadie se va a enterar. Lo fundamental, y no me cansaré de repetirlo, es que tengas clarísimo cuál es tu idea central antes de avanzar a la etapa siguiente. Uno de los mayores errores que cometen los ponentes es intentar resumir toda una vida de aprendizaje en una sola charla. Concentrarte con la precisión de un láser en una sola idea te proporcionará un fino tamiz a la hora de revisar el material. Si tienes una idea o una vivencia fantástica que no sirve para reforzar directamente tu mensaje, tendrás que omitirla, por mucho que te apetezca utilizarla.

Una vez hayas identificado tu mensaje unificador, deberás ser capaz de transmitirlo de un modo que resulte inolvidable para el público. El capítulo siguiente te mostrará cómo transformar esa idea central en un mensaje que se quede grabado en el cerebro de los asistentes.

Recapitulemos

- Inspira al público con una sola idea que o bien cambie su forma de concebir el mundo o bien lo convenza de pasar a la acción.
- Crea una narración centrada en el público con diversas capas de anécdotas y hechos.
- Conecta con las necesidades más enraizadas de las personas: la sensación de pertenencia, el interés en uno mismo, la realización personal y la esperanza en el futuro.

Capítulo 3

CÓMO IDEAR UN ESLOGAN CON GANCHO

Pocos años antes de pronunciar su inspiradora charla TED, Simon Sinek tuvo una revelación. Desentrañó el hilo común que explica por qué algunos líderes y algunas empresas cosechan el éxito mientras que otros fracasan. Por suerte, no se lo guardó en secreto. Y es que, a fin de cuentas, su objetivo en la vida es «inspirar a otras personas a hacer cosas que les inspiren». El secreto de Simon, que comparte sin fisuras con el mundo, se condensa en su idea del círculo de oro. Simon expone un caso absorbente en el que explica que las personas corrientes y las empresas corrientes parten de lo que hacen y, con suerte, comparten algo de cómo lo hacen. En cambio, los líderes más inspiradores y las empresas más punteras primero explican por qué hacen lo que hacen, luego describen cómo lo hacen y se reservan revelar lo que hacen para el final. Para demostrarlo, Sinek utiliza el paradigma de Apple Inc. El «porqué» de Apple consiste en dotar a las personas de medios para desafiar el statu quo. ¿Y «cómo» lo consiguen? Diseñando experiencias físicas y digitales fantásticas a un coste asequible para el consumidor medio. Lo que hace Apple es fabricar ordenadores y *smartphones* de distintos tamaños, formas y colores.

La idea de Simon no es nueva; de hecho, constituyó los cimientos de la «declaración de principios fundamentales» que tan en boga estuvo hace unas décadas. Él se limitó a insuflar nueva vida a un concepto antiguo e inspiró a millones de personas comunicando su mensaje de un modo novedoso y con referentes frescos. El primer golpe maestro de Simon consistió en encapsular su concepto en el elegante «círculo de oro». No hay duda de que es una estrategia inteligente, pero no es viral. Imagina que alguien se te acerca y te dice: «¿Quieres saber el secreto para triunfar en los negocios y en la vida?». Y, mientras aguardas dispuesto a asimilar la sabiduría de todos los tiempos condensada, añade: «Es muy sencillo: ¡el círculo de oro!». Seguramente la decepción será notable. Sin más explicación, un círculo de oro tiene poco significado. No te va a impulsar a pasar a la acción ni cambiará tu perspectiva de las cosas. Pero Sinek se guardaba otro as en la manga. Resumió su concepto en un eslogan inolvidable: «Comienza por el porqué». Estas cuatro palabras explican sin ambigüedades lo que debes hacer inmediatamente para cambiar tu vida a mejor.

Simon y su cohorte de conferenciantes en TED consiguen que sus ideas tengan difusión convirtiendo la idea nuclear en un lema primordial, un eslogan con gancho, que repiten hasta que logran implantarlo en la mente del público. Simon en concreto tiene un par.

Además del «comienza por el porqué», pronuncia varias veces: «la gente no compra lo que haces, compra el porqué lo haces» y «el objetivo es contratar a gente que cree en lo mismo que uno cree».

Pero veamos cómo se construye un lema con gancho. En primer lugar, debe ser breve. Lo idóneo es que conste de tres palabras, pero se puede conseguir que funcione hasta con doce. Recordemos de nuevo al presidente Obama, ya que esta es su receta infalible para transmitir mensajes duraderos: «Esperanza y cambio», «Aprueben esta ley», «No podemos esperar» o «Sí se puede». ¿Captas el quid de la cuestión?

La segunda característica definidora de los lemas con gancho es que hacen un llamamiento sin dobleces a pasar a la acción. «Comienza por el porqué» es un magnífico ejemplo de ello. El lema de Johnny Cochran, el abogado de O. J. Simpson, «Si algo no encaja, deben absolver al acusado», ha permanecido grabado en la conciencia pública durante más de quince años. La instrucción al jurado de Cochran y la observación de Sinek «la gente no compra lo que haces...» comparten la tercera característica clave de los eslóganes con garra. Tienen musicalidad, un ritmo que los hace pegadizos. Para comprender la esencia de ese «aspecto» rítmico se precisa una breve lección de gramática (prometo ser lo más claro posible). Para conseguir crear un eslogan con musicalidad se puede repetir una palabra o una frase al principio (anáfora) o al final (epístrofe) de oraciones sucesivas. Dickens martillea a sus lectores con anáforas al principio de *Historia de dos ciudades*:

«Era el mejor de los tiempos, era el peor de los tiempos, la edad de la sabiduría, y también de la locura; la época de las creencias y de la incredulidad; la era de la luz y de las tinieblas; la primavera de la esperanza y el invierno de la desesperación. Todo lo poseíamos, pero no teníamos nada; caminábamos en derechura al cielo y nos extraviábamos por el camino opuesto. En una palabra, aquella época era tan parecida a la actual que nuestras más notables autoridades insisten en que, tanto en lo que se refiere al bien como al mal, solo es aceptable la comparación en grado superlativo.»

No obstante, para no dejarte llevar en exceso dando rienda suelta a tu imaginación, ten presente que la mayoría de las personas solo logran recordar la primera parte: *«Era el mejor de los tiempos, era el peor de los tiempos»*. Estaríamos aquí en el límite superior de la regla de las tres a doce palabras que hemos indicado antes. Si te apetece ponerte exquisito, prueba con un simploce, que es una combinación de anáfora y epístrofe. En el lenguaje común, un simploce consiste en repetir palabras o frases al principio y en repetir también palabras o frases (normalmente distintas) al final de oraciones sucesivas.

El eslogan de Simon Sinek «La gente no compra lo que haces, compra el porqué lo haces» utiliza una cuarta arma de este arsenal retórico. Sinek repite la misma palabra en distintas partes de la frase. La policía de la gramática denomina este efecto «traducción». Pero, si todo esto te parece demasiado complejo, recurre a la alternativa de siempre y rima tu propio lema.

Y ahora que ya hemos cubierto la longitud del eslogan, la motivación hacia la acción que debe suscitar y su ritmo musical quedan aún dos características rápidas adicionales que no solo son importantes, sino que están interrelacionadas. A la hora de construir un lema con dos partes, haz que la segunda sea positiva y contraste marcadamente con la primera. «La gente no compra lo que haces...» es una afirmación negativa que incita al cerebro a preguntarse: «Y entonces, ¿qué los impulsa a comprar?». Es entonces cuando entra en juego el «...compra el por qué lo haces», que colma la necesidad inmediata de saber del espectador.

El modo de concatenar estos pares de frases contrastantes es importante. Esa es, de hecho, la última propiedad de un lema viral. Tal como un chiste bien diseñado, hay que guardar la palabra o la frase clave para el final. «Deben absolver al acusado si algo no encaja» sencillamente no tiene la misma fuerza que su formulación inversa.

Con un mensaje unificador convincente y preciso condensado en un lema con gancho que lo haga viral te habrás colado en el peldaño superior de los ponentes. A continuación vamos a centrarnos en construir tu discurso, incluido el modo como te presentarán ante el público.

Recapitulemos

- Consigue difundir tu idea condensándola en un lema inolvidable de entre tres y doce palabras.
- Diseña tu eslogan de modo que incite a la acción y tenga ritmo.
- Repite tu lema al menos tres veces durante la presentación.

Capítulo 4

CÓMO HACERSE PRESENTAR

Por desgracia, los vídeos de las ponencias TED no muestran cómo se presenta a los conferenciantes y tampoco existe demasiada información en el dominio público sobre cómo presentar a un ponente «al modo de TED». Pero lo que sí conviene saber es que, pese a que una mala presentación probablemente no hundirá una gran conferencia, una presentación excelente de menos de uno o dos minutos puede ser un buen trampolín para tu discurso.

Uno de los conferenciantes de TED más vistos de todos los tiempos es Hans Rosling, quien consigue insuflar vida de un modo asombroso a toneladas de datos sobre salud pública que de otro modo nos resultarían un tostón. El mensaje nuclear de su charla es que podemos aunar fuerzas para aumentar el estándar de la salud mundial compartiendo de manera gratuita datos sobre la sanidad pública y herramientas analíticas. Permíteme que empiece por demostrarte cómo habría podido sonar una introducción pésima a la charla revolucionaria de Hans:

«Damas y caballeros, hoy tengo el placer de presentarles al doctor Hans Rosling, catedrático de Salud Internacional en el Instituto Karolinska de Estocolmo. En los albores de su carrera académica, el doctor Rosling estudió estadística y medicina y, finalmente, en 1976, se licenció en medicina. Como resultado de su descubrimiento y posterior investigación de un brote de konzo, una enfermedad epidémica que causa parálisis, Hans se doctoró por la Universidad de Uppsala en 1986. Ha sido galardonado con más de 10 premios de prestigio, entre ellos el Premio Gannon en 2010 por la persecución continuada del progreso humano. En 2011, la revista Fast Company Magazine *clasificó al doctor Rosling como una de las 100 personas más creativas del sector. Además, fue elegido miembro de la Academia de Ciencias de la Ingeniería sueca. Y si sus logros profesionales no les impresionan suficiente, sepan también que es un famoso tragador de espadas. ¡Les ruego que den un fuerte aplauso para dar la bienvenida a TED al doctor Hans Rosling!»* (Fuente: presentación completamente ficticia realizada a partir de la información que de él da Wikipedia.)

Blablablá. Casi me quedo dormido escribiéndola. De hecho, me voy a guardar una copia de la presentación en la mesilla de noche como cura para el insomnio y te recomiendo que hagas lo mismo. Por el contrario, las grandes presentaciones destacan el mensaje nuclear del conferenciante, están dirigidas al público presente y afianzan la credibilidad del ponente sin alzarlo sobre un pedestal. Analicemos estos aspectos uno por uno.

La presentaciones constructivas limitan la información aportada a datos vinculados con la idea unificadora central del conferenciante. El doctor Rosling se subió al escenario para inspirar a los influyentes espectadores de su charla TED a dar su apoyo a la difusión gratuita de bases de datos sobre sanidad pública. El hecho de que se doctorara en 1986 por la Universidad de Uppsala por descubrir e investigar un brote de una enfermedad rara es admirable, fascinante, pero no tiene relevancia directa para el mensaje nuclear de la conferencia. En cambio, un dato más atinado sería explicar que el doctor Rosling dirigió la Comisión Internacional de Investigación y Formación del Instituto Karolinska, donde puso en marcha investigaciones en materia de salud en colaboración con universidades de Asia, África, Oriente Próximo y Latinoamérica. Esa trivialidad presenta al hombre que está a punto de tomar el escenario como un defensor de realizar avances en el campo de la sanidad pública mediante asociaciones mundiales.

Un defecto mucho más atroz de la presentación ficticia anterior es que no explica al público qué relevancia puede tener la conferencia para ellos. Nadie se sienta a escuchar perorar a otras personas durante horas a menos que vaya a obtener algo a cambio de su inversión en tiempo y atención. Una buena presentación tienta a los espectadores con un aperitivo de lo que están a punto de paladear, pero se reserva el plato principal en la chistera.

Así, una presentación más idónea debería haber incluido alguna frase en esta línea, como, por ejemplo: «Al final de la conferencia de Hans, habrán descubierto cómo compartir datos sanitarios a escala mundial podría mejorar la calidad de sus vidas, de las vidas de sus hijos y de las vidas de siete mil millones de sus mejores amigos». Con ese pequeño cambio, brindas al público un motivo para enderezarse en sus asientos y prestarte atención.

Los maestros de ceremonias deben consolidar la credibilidad del conferenciante, desde luego, pero sin convertirlo en una especie de superhombre. Pese a que las personas respetamos la autoridad, tendemos a confiar en nuestros semejantes. Son aquellos como nosotros, personas que partieron del escepticismo pero lograron el éxito tras aceptar el cambio, quienes nos inspiran a modificar nuestra perspectiva y a pasar a la acción. El problema con la presentación anterior es que pinta al doctor Rosling como un genio entre genios. Es estadístico, médico licenciado, epidemiólogo y ha obtenido incontables galardones. Cualquier persona que escuche esta presentación se dirá: «Hans Rosling es un tipo prodigioso. Pero yo jamás podré hacer lo que él ha hecho porque no tengo su bagaje ni su coeficiente intelectual». En este caso, basta con decir lo siguiente: «El doctor Rosling es catedrático de Sanidad Internacional en el Instituto Karolinska y uno de los colaboradores más destacados del debate mundial sobre la sanidad pública». Tal afirmación es suficiente para confirmar la credibilidad del conferenciante y, de nuevo, establece lazos directos con el tema que está a punto de abordar. Por último, la rareza de tragar espadas humaniza al buen doctor, pero aporta un matiz circense irrelevante para la cuestión que nos ocupa.

La mayoría de las veces, la persona que te presentará no tendrá ni idea de quién eres. En ese caso, deberías proporcionarle una presentación escrita que tenga en cuenta los tres principios expuestos arriba, explique qué beneficios puede obtener el público, maximice la relevancia del tema y minimice los datos biográficos. Asegúrate de invertir el tiempo necesario en revisar la presentación con el maestro de ceremonias. Incluso puedes solicitarle que la ensaye una o dos veces para fijar los tiempos y la exposición. Normalmente, este último paso suele desatenderse y, por desgracia, hace que el público se aburra.

Por otro lado, cuando el presentador te conoce, aunque sea solo un poco, puede suceder algo mágico, y lo sé de primera mano. En 2011 me invitaron a dar una conferencia en Portland ante ochenta miembros del grupo de mentores de emprendedores StarveUps. La temática central de mi ponencia era exponer los secretos para hacer presentaciones que ayudan a pequeñas empresas a cerrar tratos con grandes compañías. Justo antes de subir al escenario, John Friess, el ajetreado empresario que esa noche hacía las veces de presentador, me confesó que no había tenido tiempo de revisar mi presentación. Echó un vistazo a la copia que le entregué, la arrugó en una bola, se la guardó en el bolsillo y me dijo: «Confía en mí». Huelga decir que la tensión arterial se me disparó más de cinco puntos en un instante. John subió al escenario y se dispuso a narrar una breve historia personal sobre sus luchas por conseguir inversores, socios y clientes. A continuación explicó al público cómo me había conocido y mi pasión por intentar ofrecer a quienquiera que conozco las herramientas y los comentarios que precisan para convertirse en comunicadores inspiradores. No podría haber pedido una mejor presentación.

El último aspecto que conviene tener en cuenta a la hora de elaborar una presentación para el maestro de ceremonias es que el contenido debe cuadrar con el tono de tu discurso. Espero que la persona que presentó a Hans Rosling no descompensara la situación con el típico discursito cómico. En cambio, una presentación cómica encaja de maravilla y es la opción encomiable como acto preliminar para un conferenciante divertido. La sincronización entre la presentación y el discurso contribuye a manejar el nivel energético en la sala, factor que analizaremos por extenso en el capítulo siguiente.

Una vez el presentador da la entrada a los aplausos y te da un apretón de manos, es momento de iniciar el discurso. En el capítulo siguiente analizaré algunas aperturas sensacionales.

Recapitulemos

- Redacta una presentación de uno o dos minutos para el presentador que tienda lazos con el mensaje nuclear de tu ponencia.
- Asegúrate de que la presentación explica por qué tú eres la persona indicada para compartir tu idea con el público.
- Diseña una presentación que te sitúe como un guía creíble, no como un superhéroe.

Capítulo 5

CÓMO INTRODUCIR LA CHARLA

En literatura y poesía, la estructura se acepta como una fuerza liberadora para la creatividad, en lugar de como una limitación. Así se aprecia en el ritmo del cinco, siete, cinco del haiku o en la composición del soneto, que en ambos casos dan lugar a una belleza y variación infinitas. He comprobado que ese mismo fenómeno también se aplica en el mundo de la redacción de discursos. Siempre hay una introducción, un cuerpo del mensaje y una conclusión. El arte radica en cómo el conferenciante llena su lienzo.

De las incontables maneras que existen de iniciar una ponencia, me dispongo a detallar los tres tipos de apertura que los conferenciantes de TED más convincentes utilizan para seducir al público. Recuerda que los primeros diez o veinte segundos de la charla son el punto culminante del nivel de involucración del público. La cosa no va a mejorar a medida que, uno a uno, los espectadores empiecen a distraerse repasando mentalmente la lista de la compra o pensando en la ropa que se pondrán al día siguiente. Échales el anzuelo enseguida dándoles un motivo implícito o explícito para prestar mucha atención.

La introducción que más éxito contrastado tiene es la anécdota personal. Pese a que ahondaremos mucho más en profundidad en cómo contar cuentos en el próximo capítulo, he aquí una síntesis de lo que debes recordar. En primer lugar, tu vivencia personal debe ser verdaderamente personal. Cuenta una experiencia propia y comparte tus observaciones. Es conveniente convertir siempre a otras personas en protagonistas de tus relatos. En segundo lugar, asegúrate de que la anécdota que expliques tenga una relevancia directa para el mensaje central de la ponencia. Si tu objetivo es inspirar a las personas para que se presenten voluntarias a ayudar en un comedor para indigentes en su tiempo libre, explicar que tu perro es capaz de decir «Te quiero» con ladridos no tiene ningún sentido. En tercer, cuarto y quinto lugar, procura que tu historia sea muy emotiva, sensorial y que abunden los diálogos. El relato debería ser tan concreto que tu público sea capaz de revivirlo contigo.

En su TEDTalk, el escritor y experto en éxito Richard St. John demostró el poder de utilizar una anécdota personal para su apertura:

«Esta es en realidad una presentación de dos horas que doy a estudiantes de secundaria recortada en tres minutos. Todo comenzó un día en un avión, camino hacia TED hace siete años. En el asiento de al lado viajaba una estudiante de secundaria, una adolescente procedente de una familia muy pobre. Aquella joven quería ser algo en la vida

y me hizo una sencilla pregunta: "¿Qué conduce al éxito?". Y yo me sentí terriblemente mal, porque no era capaz de darle una respuesta adecuada. Entonces me bajé del avión y vine a TED. Y pensé: "¡Dios! Estoy en una habitación rodeado de personas exitosas. ¿Por qué no les pregunto qué les ayudó a alcanzar el éxito para enseñárselo a los jóvenes?"»[1]

¿Te has imaginado viajando en ese avión? ¿Has girado la cabeza y escuchado a escondidas cuando la adolescente de procedencia humilde le ha preguntado a Richard cuál era el secreto del éxito? ¿Has notado la decepción de Richard por no disponer de una respuesta oportuna y sus ganas de prepararse para ayudar a los chavales en el futuro? Es más, y más egoísta, desde luego, ¿sientes curiosidad por saber cuál fue la clave del éxito que descubrió Richard St. John? Para averiguarlo, tendrás que ver su ponencia en TED.com (no seré yo quien te prive de la diversión de hacerlo). Pero por ahora al menos sabes cuál es el secreto de Richard para atrapar al público con una introducción basada en una vivencia personal.

Ten en cuenta que Richard St. John impartió una charla TED sumamente breve, de solo tres minutos, en comparación con los 18 minutos de tiempo máximo que puede extenderse una TEDTalk. Si hubiera dispuesto de más tiempo, probablemente se habría entretenido en detallar más su discurso y en dotarlo de más diálogos. ¿Cómo se llamaba la joven? ¿Qué aspecto te-

1. http://www.ted.com/talks/richard_st_john_s_8_secrets_of_success.html

nía? ¿Qué se sentía hablando por encima del bramido de los motores? ¿Encandilaba el aroma a galletas de chocolate recién horneadas que procedía de primera clase? ¿Cómo empezó esta extraña conversación entre una menor sin acompañante y un empresario cuarentón? Imagino que te haces una idea de la situación. Hay que elegir el grado correcto de detalle en función del tiempo que te asignen, tal como hizo Richard.

En términos de eficacia, los dos tipos restantes de introducciones potentes tienen un gancho muy parecido. Tanto, de hecho, que podrían explicarse en el orden que fuera. Aquí comenzaremos por las afirmaciones sorprendentes. Pese a que, por norma general, las afirmaciones sorprendentes se basan en estadísticas, también pueden expresar opiniones sólidas que desafían la creencia popular. Lo importante es que tu afirmación desencadene todo un abanico de emociones en el público. Si compartes un «qué», los espectadores hervirán de las ganas de rellenar los huecos relativos al por qué, cómo, cuándo y dónde. En su charla en TED2010, el famoso chef y defensor de la nutrición infantil Jamie Oliver utilizó exactamente esta receta en su introducción. Lee cómo empezó su ponencia:

«Tristemente, al finalizar los dieciocho minutos de nuestra charla, cuatro norteamericanos que están vivos estarán muertos por los alimentos que comen. Mi nombre es Jamie Oliver. Tengo 34 años. Soy de Essex, Inglaterra, y durante los últimos siete años he trabajado incansablemente para salvar vidas a mi manera. No soy médico; soy un chef. No tengo equipos caros ni medicinas. Uso más bien información y educación. Creo firmemente que el poder de

la alimentación tiene un lugar preponderante en nuestros hogares que nos une a las mejores cosas de la vida.»

El chef Oliver sedujo al público compartiendo un dato real, algo que está ocurriendo: las personas caen como moscas a causa de los alimentos que ingieren. Y no viven al otro lado del planeta, en un país en vías de desarrollo, viven en la misma potencia moderna que el público al que Jamie se dirige. ¡Seguramente la mayoría de los presentes se estaría preguntando si sobreviviría a la hora de la comida! Tal es el poder que tienen las estadísticas alarmantes con un significado profundo y personal para el público. Recuerda las cuatro necesidades mágicas: salud física y seguridad; amor y sensación de pertenencia; deseo e interés en uno mismo, y esperanza en un futuro mejor. Jamie se concentró en algo tan primario como la vida y la muerte y tuvo al público en vilo esperando a descubrir por qué sucede esto y cómo mantenerse con vida.

Formular una pregunta contundente es el tercer modo fiable para abrir un discurso. En cierto sentido, se trata de una variación de hacer una afirmación sorprendente, pero planteas de un modo más explícito sobre qué quieres que reflexionen los espectadores. Por ejemplo, Jamie Oliver podría haber empezado con un: «¿Por qué 320 estadounidenses normales, como ustedes y como yo, mueren cada día a causa de los alimentos que ingieren?».

Si te adentras por la senda de la pregunta contundente, te recomiendo que formules tus interrogantes empezando con un «por qué» o un «cómo». Preguntar por qué es mucho más seductor, puesto que conecta con nuestra curiosidad natural de entender el mundo que nos rodea. Y una vez sabemos por qué suceden las cosas, entonces queremos saber cómo hacer que sucedan cosas buenas y evitar que ocurran otras malas. Si el «porqué» está implícito o sobreentendido, entonces puedes comenzar por un «cómo». Repasemos el mensaje de Oliver una vez más. Podría haber arrancado con un: «¿Cómo puede uno evitar que los alimentos que come acaben matándolo?».

En las introducciones reformuladas con el «porqué» y el «cómo» que he construido para la ponencia de Jamie Oliver, probablemente te hayas percatado de que me he dirigido al espectador directamente unas cuantas veces. Esa interpelación mágica transforma una buena pregunta en una pregunta fantástica, pues invita al público a entrar en modo introspectivo. Lo que interesa es que los presentes reflexionen sobre sí mismos y sobre su mundo.

De entre todos los ponentes de TEDTalks, Simon Sinek ha sido, a mi parecer, quien ha hecho un uso más potente de una introducción interrogativa. He aquí cómo comenzó una conferencia que, en última instancia, proporcionó al público una estrategia para aprender a ser un líder inspirador o una empresa efectiva:

«¿Cómo se explica cuando las cosas no salen como se supone? O mejor, ¿cómo se explica cuando otros son capaces de lograr cosas que parecen desafiar todas las hipótesis? Por ejemplo: ¿por qué es Apple tan innovador? Años tras año tras año son más innovadores que toda la competencia. Y, sin embargo, son solo una empresa de ordenadores. Son como todas las demás. Tienen el mismo acceso a los mismos

talentos, las mismas agencias, los mismos consultores, los mismos medios. Entonces ¿por qué parecen tener algo diferente? ¿Por qué Martin Luther King dirigió el movimiento de los derechos civiles? No fue el único hombre que sufrió la era previa a los derechos civiles en EE.UU. Y ciertamente no era el único gran orador del momento. ¿Por qué él? ¿Y por qué los hermanos Wright fueron capaces de idear los vuelos tripulados autopropulsados cuando ciertamente había otros equipos mejor cualificados y mejor financiados que no lograron un vuelo tripulado y los hermanos Wright tomaron la delantera? Aquí hay algo más en juego.»[2]

Una sencilla pregunta de apertura basta. Sin embargo, Sinek escogió bombardear al público con una retahíla de «por qués». Este planteamiento, el «porqué» retórico reiterativo, resulta sumamente efectivo, pero debe practicarse con cautela. Para hilar con éxito múltiples interrogantes en una apertura, todos deben tener la misma respuesta. De hecho, Simon incluso mezcló preguntas que empezaban con «cómo» y otras que empezaban con «por qué», como si le apeteciera correr el riesgo de jugar con cerillas y dinamita. No obstante, ambos tipos de preguntas tenían la misma respuesta subyacente. Sin duda, resultaría confuso que yo iniciara un discurso con un: «¿Por qué el cielo es azul? ¿Por qué no se adhiere el moho a los cantos rodados? ¿Y por qué a los elefantes les dan miedo los ratones?»

Hemos analizado los tres modos más eficaces que los ponentes de TED tienen de comenzar una confe-

2. http://www.ted.com/talks/simon_sinek_how_great_leaders_inspire_action.html

rencia. Recurren a vivencias personales, a afirmaciones sorprendentes o a preguntas absorbentes. Ahora demos una vuelta de tuerca más y observemos las preintroducciones y las postintroducciones? ¿Qué hay que decir sobre eso?

Nueve de cada diez veces te convendrá arrancar directamente con uno de los tres estilos de introducción estándar predefinidos. Pero esa décima vez deberás optar por algo distinto, y tendrá que ver con el nivel energético que se respire en la sala. Los conferenciantes de talla mundial se esfuerzan por reflejar la energía de la sala en la introducción y luego conducen al público por un viaje emocional durante el resto de su ponencia. No obstante, en ocasiones se respira en el ambiente demasiada tensión o demasiada poca. Es entonces cuando el conferenciante necesita ingeniarse una preintroducción.

Supongo que cuando sir Ken Robinson presentó su TEDTalk sobre la reforma educativa, el público empezaba a impacientarse, tras horas o días de permanecer sentado y a la escucha. Y es que incluso dejarse llevar por la inspiración puede resultar agotador. Digamos, pues, que sir Robinson se enfrentaba a un público con demasiada tensión. En este caso, utilizó la siguiente preintroducción humorística como válvula de escape. Si uno va a impartir un discurso divertido, es importante suscitar la primera carcajada en los primeros treinta segundos para meterse al público en el bolsillo. Ken Robinson tardó aún menos:

«Buenos días. ¿Cómo están? Ha sido increíble, ¿verdad? Estoy abrumado con todo esto. De hecho, creo que será mejor que me vaya. (Risas.) Ha habido tres temas du-

rante la conferencia que son relevantes a lo que yo quiero decir. Uno es la extraordinaria evidencia de la creatividad humana en todas las ponencias a que hemos asistido y en todas las personas presentes. Una creatividad de una variedad inmensa. El segundo es que esa creatividad nos deja en ascuas sobre qué va a suceder en términos del futuro. No sabemos cómo se va a desarrollar.»

Robinson no solo utilizó el humor, sino que además empleó una técnica adicional para conectar con su público denominada «retrotracción a la introducción». Es habitual encontrar una retrotracción a la introducción cuando los humoristas cierran su número retomando un chiste o un tema anterior que ha hecho troncharse al público. La retrotracción a la introducción en un discurso en torno a una idea básica proporciona el tejido conector entre el material propio y el de ponentes previos. Si eres el primero en subirte al estrado, tu retrotracción a la introducción podría invocar algún acontecimiento destacado de actualidad, mencionar a miembros del público a quienes has conocido poco antes de subirte al escenario o incluso hacer un comentario acerca de las condiciones de la sala. La retrotracción a la introducción debe parecer improvisada y, al igual que la de sir Ken Robinson, conviene personalizarla para el público, de manera que lo haga sentir especial y lo invite a creer que has diseñado la charla que estás a punto de impartir exclusivamente para él.

También es posible usar una preintroducción cuando en la sala se respira una tensión insuficiente. Esto puede suceder si se va a pronunciar una conferencia seria y el público desconoce a qué se enfrenta. Puesto que se trata de un caso muy poco habitual, jamás he visto que nadie utilice este recurso en una TEDTalk, donde la mayoría de las ponencias cuentan con un buen título y una buena descripción que el público conoce. Sin embargo, sí que he presenciado alguna en otros foros. Ed Tate, el campeón mundial Toastmasters de discursos públicos en 2000, es un maestro de esta técnica. En uno de sus discursos, Ed antecede un potente relato personal sobre sus vivencias como diana del odio racial con un silencio muy largo. De hecho, permanece en pie, en silencio e inmóvil durante diez segundos enteros antes de soltar un insulto racista. Si diez segundos te parecen pocos, pruébalo delante de un público; tanto a ti como a los espectadores se os antojarán una eternidad de silencio e incomodidad. También es la técnica más poderosa para generar tensión que el conferenciante guarda en su caja de herramientas. Úsala con moderación.

Una preintroducción más interesante consiste en solicitar al público que se imagine en una situación o entorno concreto. Antes de explicar cómo estudió la adquisición del lenguaje por parte de su hijo recién nacido, el investigador del MIT Deb Roy invitó al público de TED2011 a imaginar la vida en el interior de un experimento social novedoso:

«Imaginen que pudieran grabar sus vidas, que quedase un registro de todo lo que han dicho y hecho y estuviera al alcance de la mano en una mediateca perfecta para poder buscar momentos memorables y revivirlos o para tamizar sus vidas con la perspectiva que da el tiempo y descubrir patrones que se les habían pasado inadvertidos. Bien, ese es

exactamente el viaje que emprendió mi familia hace cinco años y medio.»

La introducción debería haber impulsado al público a sopesar los beneficios de tu charla de un modo implícito. La postintroducción, que debe existir invariablemente, proporciona una promesa explícita de las ventajas que obtendrán los espectadores y de cuánto tardarán en conseguirlas. Durante demasiado tiempo yo empleé una de las tres introducciones estándar con una afirmación al estilo de: «En los próximos cuarenta y cinco minutos compartiré con ustedes los tres secretos de la felicidad». Se trata de una declaración de los beneficios bastante buena. De hecho, usar el «compartiré» es infinitamente mejor que decir «les explicaré». Sin embargo, también presenta un par de problemas. En primer lugar, se centra en el conferenciante y no en el público. Tal afirmación revela lo que yo me dispongo a hacer, no lo que el público va a obtener. En segundo lugar, no es especialmente sensorial. Para que una postintroducción se considere buena debe proveer al público una metáfora visual de la estructura del discurso. Así que, aplicando estas lecciones, yo utilizaría algo por el estilo de: «Dentro de cuarenta y cinco minutos saldrán ustedes de aquí con el ABC de la felicidad en su haber». Ahora sí estamos ante una afirmación que convierte a los espectadores en el foco y los hace estar atentos a mi discurso para asimilar estas tres respuestas, además de proporcionarles una imagen orientada a la acción.

Una herramienta nemotécnica pegadiza, como los acrónimos o una estructura como «el ABC», constituye un modo fantástico para suministrar un mapa de ruta a los oyentes. Resístete a la tentación de desglosar el significado del acrónimo al inicio de la charla. El público encuentra más placer en que se lo vayan revelando de manera progresiva a lo largo de la ponencia.

Yo, personalmente, me inclino siempre por el tres, pues es el número más pegadizo. Se pueden tener tres pasos, tres temas, tres estrategias, tres consejos, tres técnicas, tres herramientas... Si dudas de esta regla general, piensa en lo siguiente. Gracias a Stephen Covey, todo el mundo sabe que las personas muy eficaces tienen siete costumbres. ¿Serías capaz de mencionarlas? Hay Diez Mandamientos y diez enmiendas a la Constitución de los Estados Unidos, incluida la Carta de los Derechos Humanos. Jack Welch predicaba las cuatro «E» del liderazgo. ¿Eres capaz de recordarlo todo? Lo suponía.

Puesto que la variedad a la hora de iniciar un discurso es infinita, conviene conocer al menos unas cuantas introducciones nefastas para no cometer los mismos errores que otros antes que tú. Por supuesto, TED selecciona los vídeos que comparte en TED.com. Pero lo que tal vez no sepas es que editan incluso los vídeos seleccionados para eliminar los deslices verbales y todo lo que suena extraño, insultante u ofensivo. De ahí que sea imposible encontrar una introducción terrible de una conferencia TED.

Pese a ello, hay numerosos discursos chapuceros en el mundo de los cuales aprender, así que voy a proceder a confeccionar una lista rápida. No empieces nunca un discurso con una cita: suena a cliché, aunque se trate de una cita relevante. Y tampoco con un chiste, por el mismo motivo. No comiences con algo que pueda resultar ligeramente ofensivo para el público. Ni empieces haciendo una caricatura (si me dieran un céntimo por cada discurso que comienza así...). Tampoco inicies con un «gracias»: si quieres darle las gracias al público, hazlo al final. Y no arranques con un «Antes de empezar...», porque acabas de empezar.

Hay otro tipo de introducción que casi siempre sale mal. La apertura con actividad. En internet hay un discurso fantástico publicado en una web de compartición de vídeos donde se aborda el tema del liderazgo carismático. El contenido es sustancial y el ponente tiene una oratoria impecable. Con la excepción notable de su introducción. Para comenzar su presentación, le pide al público que se ponga en pie, que se lleve la mano al corazón, que gire sobre sí mismo y que dé un paso adelante. A continuación explica que ahora, cuando su jefe le pregunte cómo fue la conferencia, ya podrá explicarle que «consiguió ponerlos de pie, que les llegó al corazón, que les dio media vuelta y que los hizo avanzar en la dirección correcta». Es un truco inteligente. Pero, si se observa atentamente a los espectadores, el lenguaje corporal de muchos de ellos refleja que se acaban de dar cuenta de que los han manipulado. Además, el truco no tenía nada que ver con el tema central de la ponencia. De hecho, en muchos aspectos incluso negaba el mensaje del verdadero carisma de líder.

No hay regla sin excepción, y así ocurre también con mi propuesta de evitar las introducciones con actividad. Si cuentas con una actividad muy relevante que te ayude a sintonizar con el público y sea auténtica, entonces sí puede funcionar. Por ejemplo, en su conferencia en TEDxFiDiWomen, Regena Thomashauer tiene el objetivo principal de inspirar a las mujeres a utilizar el placer como umbral al poder, la pasión, el entusiasmo y la creatividad. Tres hombres sacan al escenario a Mama Gena mientras el sonido de la canción de Pitbull *I Know You Want Me* atruena en los altavoces. Cuando los hombres la posan en el suelo, ella empieza a bailar y grita: «¡Adelante, bailen conmigo!». Y cuando la cámara se aleja para ofrecernos una panorámica del público, vemos que todos los presentes se han puesto en pie y se mueven al son de la música. Cuando la canción va apagándose, Mama Gena dice:

> *«¿A que ha sido divertido? ¿Les ha gustado? ¿Saben qué he hecho? ¡He inundado sus cuerpos de óxido nítrico! ¿Y saben por qué? Porque cuando vivimos una experiencia placentera, las repercusiones físicas son inmensas. Con solo treinta segundos de diversión, la sangre empieza a oxigenarse y a circular. Se libera óxido nítrico y este activa los neurotransmisores, incluidas la beta endorfina y la prolactina.»*

En este caso, la relevancia de la actividad (el baile) para el mensaje era absoluta. Mama Gena revela a gritos su pasión y su objetivo.

Una vez finalizada la introducción, hay que hacer una transición suave hacia el verdadero argumento de la ponencia.

Recapitulemos

- Empieza con una preintroducción si la tensión del público no encaja con el tono de tu discurso.
- Arranca con una vivencia personal, una afirmación asombrosa o una pregunta imperiosa.
- Y presenta una postintroducción que prometa explícitamente al público los beneficios de qué obtendrá y en cuánto tiempo.

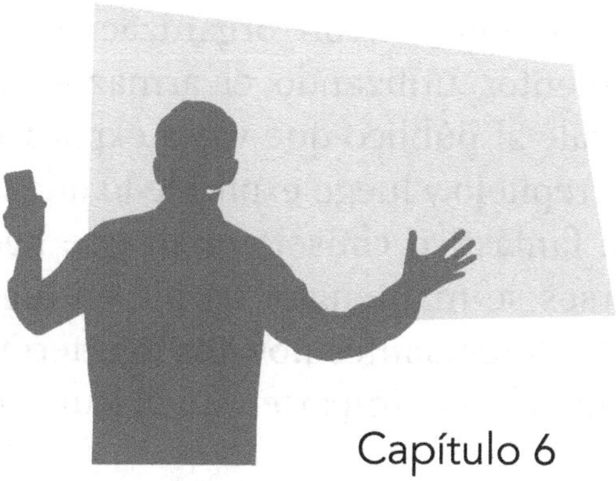

Capítulo 6

CÓMO CONSTRUIR EL CUERPO DEL DISCURSO Y LAS TRANSICIONES DE LA CHARLA

Imagina que fueras a construir un edificio. Primero deberías aprender a extender bien los cimientos y a aplicar las reglas que hacen que las paredes y el tejado se sostengan en pie. Quizá tu primer edificio quede un poco chapucero, con las columnas estructurales expuestas con torpeza. Pero de lo que sin duda estarás seguro es de que el edificio no va a desplomarse. A medida que vayas ganando experiencia, aprenderás a supeditar la forma a la función. Aprenderás a ocultar los elementos estructurales cuando te interese hacerlo y a dejarlos vistos si quieres resaltarlos. En ocasiones te adherirás al estilo de «piel y huesos» vistos del diseñador de los primeros rascacielos de Chicago, Ludwig Mies van der Rohe, y en otras aplicarás el estilo «deconstructivista» y fluido del arquitecto del Guggenheim de Bilbao, Frank Gehry.

El viaje del conferenciante es muy parecido al del arquitecto moderno. Una de las primeras cosas que los ponentes primerizos aprenden sobre organización es a construir unos cimientos utilizando el armazón; en otras palabras: aclárale al público qué vas a explicarle, vuélveselo a contar, repítelo y luego explícale lo que les has explicado. Este fantástico consejo es lo que hace que muchos discursos se mantengan en pie en lugar de colapsarse. Los conferenciantes novatos lo interpretan de forma harto literal. Así, imparten un discurso de la siguiente guisa:

(Introducción) «¿Por qué algunas frutas sanan el cuerpo y otras engordan? De aquí a diez minutos saldrán de esta sala con una lista de superfrutas que, según se ha demostrado, alargan los años de vida. Esas tres frutas son las bayas acai, las bayas de goji y las granadas.

(Cuerpo del discurso) Exploremos los beneficios para la salud de la primera superfruta: las bayas de acai...»

En comparación con los discursos que adolecen de una falta de estructura, se trata de un comienzo más que sólido. El público sabe exactamente cuál es el objetivo del ponente y se prepara para que lo convenzan de por qué estas tres frutas pueden proporcionar una vida más longeva y mejor. El problema, por supuesto, es que las entrañas estructurales del discurso quedan demasiado expuestas. La clave para avanzar al siguiente nivel de oratoria radica en añadir transiciones al repertorio.

Analicemos la transición en el ejemplo del discurso de las superfrutas anterior. El conferenciante imaginario reveló demasiada información al indicar las tres superfrutas desde el principio. Sería más acertado hacer una afirmación o formular una pregunta que invite a los oyentes a reflexionar por sí mismos a la vez que los deja sedientos de saber más. Por ejemplo: «¿Qué harían si les dijera que tres superfrutas pueden proporcionarles diez años más de vida activa y saludable? ¿Qué harían si supieran que son frutas fáciles de encontrar y fáciles de añadir al desayuno, la comida o la cena?». Esta pregunta también pone al público en alerta para apuntar las tres frutas en su lista de la compra. Y además mantiene vivo su interés a medida que se revela el nombre de cada fruta. Y, por último, abre la puerta al ponente para demostrar que esas frutas realmente tienen la capacidad de hacer que la gente de este planeta viva un poco más.

El cuerpo del discurso es tu oportunidad de narrar al público el meollo de la cuestión, de erigir el armazón sobre el que se construye la ponencia. En la mayoría de los casos, la introducción presentará el «qué» y el cuerpo debe explicar el «porqué» y el «cómo». Te recomiendo encarecidamente que edifiques el cuerpo del discurso en tres partes al margen de la longitud. Si dispones de dieciocho minutos, deberás proporcionar más detalles en cada una de esas tres partes que si solo debes hablar durante seis. Tener ni más ni menos que tres partes te ayudará a memorizar hacia dónde vas y ayudará al público a recordar tu mensaje.

Aunque no importa demasiado qué estructura narrativa escojas para tu charla, es sumamente importante que elijas una. Las tres más efectivas son la estructura de situación-complicación-resolución, la narración cronológica y la descripción de ideas-conceptos.

La estructura de situación-complicación-resolución ofrece el modo más eficaz de conducir al público por un viaje en tres partes que cambie su perspectiva o lo incite a pasar a la acción. En la primera parte, describe la situación que tienes entre manos de un modo bastante neutro. Una buena manera de hacerlo es imaginar que estás proveyendo un contexto de trasfondo a una persona inteligente e interesada, la cual, no obstante, carece de los conocimientos previos suficientes. En la segunda parte, la franja de la complicación, pesca al público revelando en qué falla la situación actual del mundo. Esos fallos o defectos no tienen por qué ser problemas, sino que también pueden ser oportunidades ocultas. En la última parte, ofrece una solución que resuelva de manera nítida y por completo los problemas o enjaece las oportunidades que has citado previamente.

En su ponencia en TEDGlobal 2009, Daniel Pink empleó la estructura de situación-complicación-resolución para difundir su idea sobre cómo aumentar la productividad y la felicidad de los trabajadores del sector del conocimiento. El esqueleto de su argumentación era el siguiente: (Situación) Durante gran parte de la historia registrada, los equipos de dirección han confiado en recompensas extrínsecas que aplican la fórmula «si X, entonces Y» para motivar a sus trabajadores. Y funcionaba bien para tareas mecánicas. (Complicación) En cambio, los trabajadores del sector del conocimiento se sienten más atraídos por las recompensas intrínsecas. De hecho, las recompensas extrínsecas, como los incentivos monetarios, acaban reduciendo la productividad en las tareas relacionadas con el pensamiento. (Resolución) En el futuro, los líderes deberán instalar un nuevo sistema operativo para motivar a los trabajadores que se centre en la autonomía, la maestría y los objetivos.

La narración cronológica es un segundo modo muy eficaz de organizar el transcurso de una TEDTalk. Algunos conferenciantes se remontan en la historia, tal como hizo la autora de *Come, reza, ama,* Elizabeth Gilbert, en su charla en TED2009. Al instar a su público a rechazar el miedo y «continuar mostrándose», Gilbert recorrió toda una cronología de actitudes humanas hacia la creatividad que se prolonga desde la Antigua Roma hasta los tiempos modernos pasando por el Renacimiento. Suele ser más frecuente que los ponentes pongan el foco en experiencias formativas de sus propias vidas relacionadas con la idea central de su discurso. La escritora nigeriana Chimananda Adichie aplicó este enfoque al describir su propio viaje de entendimiento hasta aceptar por fin la diversidad cultural. Nos condujo desde su infancia leyendo clásicos de la literatura occidental hasta su descubrimiento de autores africanos, sus experiencias universitarias en Estados Unidos y, finalmente, un viaje a México.

Las conferencias TED breves suelen desplegar el formato de ideas-conceptos. Concibe esta estructura como la número uno de la lista de presentaciones de David Letterman.[3] Este recurso brinda un modo sumamente eficaz de enumerar las mejores prácticas, hechos o argumentos cuando no se dispone de tiempo suficiente para narrar una historia completa. A menudo la secuencia de los conceptos es intercambiable. Por

3. Humorista televisivo estadounidense y afamado anfitrión de programas de entrevistas nocturnas. *(N. de la T.)*

ejemplo, Richard St. John compartió ocho secretos para alcanzar el éxito, entre ellos: (1) trabajar movido por la pasión; (2) esforzarse; (3) practicar y concentrarse; (4) abrirse camino entre las dudas y los fracasos; (5) ofrecer algo de valor, y (6) escuchar y observar para generar grandes ideas. (Tendrás que ver la conferencia para conocer los otros dos.)

Al margen de la estructura narrativa escogida, las mejores charlas TED tratan cada apartado como un lote de estímulos del «cerebro derecho» y del «cerebro izquierdo». Las anécdotas o actividades conectan con el lóbulo derecho, la parte emocional del cerebro. Los hechos, las estrategias, los consejos y las técnicas convencen al lóbulo izquierdo. Necesitas o bien persuadir al público para que cambie su percepción o incitarlo a pasar a la acción. A medida que tu discurso avanza, conduces a los espectadores por un viaje primordialmente emocional. Los hechos te permiten anticipar, explicar y reconocer las objeciones lógicas que afloran en el cerebro humano, por naturaleza curioso y escéptico por instinto.

Imagina que hubiera un niño con una alergia a los cacahuetes tal que pusiera en riesgo su vida. Más aún, imagina que estás hablando ante los padres de la escuela de preescolar de tu hijo y pretendes convencerlos de que no envíen a sus hijos a una escuela donde se dan bocadillos de mantequilla de cacahuete y mermelada. Si te limitaras a adoptar un enfoque centrado en los hechos, podrías decir algo parecido a: «¿Sabían que el 0,5 % de los estadounidenses padece una alergia letal a los cacahuetes? Eso significa que para 15 millones de norteamericanos un bocadillo de mantequilla de cacahuete y mermelada es tan peligroso como un arma cargada». Este enfoque podría convencer a los miembros del público que tienen amigos íntimos o familiares con una alergia de este tipo. Pero el resto de los espectadores se limitarán a escuchar con compasión e interés antes de regresar a sus hogares y meterles a sus hijos un bocadillo de mantequilla de cacahuete y mermelada en la bolsa de la merienda.

Para tener un impacto real, hay que combinar hechos racionales con vivencias emocionales. Para mí, este ejemplo es demasiado real. Si me dieran la oportunidad, añadiría la siguiente historia a las estadísticas anteriores.

«Un caluroso día de agosto de 2002, mi esposa y mis suegros se llevaron a mi hijita de dos años, Emma, de excursión a la playa de Jersey, a divertirse chapoteando en el agua y construyendo castillos en la arena. En el camino de regreso se detuvieron en una panadería y le dieron a probar una tarta de mantequilla de cacahuete. En el trayecto en el coche le salió una urticaria galopante. Tenía miles de granitos, el cuerpecito hinchado y la piel enrojecida. Cuando mi familia aparcó en el camino de acceso a casa, yo salí alegremente por la puerta, ajeno a la situación, para recibir a mi niñita. Mis suegros sugirieron que metiéramos a Emma en la bañera. Pero nada más verla yo decidí subirme al coche y conduje 145 kilómetros hasta el hospital de urgencias más próximo. Mientras aguardábamos en la sala de espera a que nos atendieran, me susurró al oído: "Papi, te quiero" justo antes de caer inconsciente. Salté de la silla como si quemara, agarré su cuerpo inerte entre mis brazos y grité: "¡Que alguien me ayude!". Por suerte apare-

ció un médico inmediatamente con una inyección de adrenalina que le salvó la vida.»

Soy consciente de que tal vez esta vivencia no convenza a todo el mundo, pero es mucho más poderosa que compartir tan solo los hechos.

Durante el transcurso de cada sección debes formular preguntas frecuentes para invitar al público a reflexionar sobre sus propias vidas. En los foros más reducidos incluso puedes solicitar respuestas orales. En las salas con más concurrencia, limítate a plantear interrogantes. De este modo, la conferencia se convierte en una conversación. Los integrantes del público pueden responder mentalmente y mediante el lenguaje corporal.

Recuerda siempre interpretar las estadísticas, en especial las cifras más abultadas, con analogías vívidas emocional y personalmente relevantes o con metáforas. Existe una diferencia enorme entre afirmar que «70 millones de estadounidenses viven cada día con una cardiopatía» y decir: «Observen a las tres personas que tienen más cerca. La probabilidad nos dice que uno de cada cuatro de ustedes tiene una cardiopatía y que esta acabará con su vida». En la misma línea, la introducción de Jamie Oliver que hemos descrito en el capítulo anterior revelaba con gran atino que cuatro estadounidenses habrían muerto a causa de los alimentos que ingieren para cuando su discurso de dieciocho minutos de duración hubiera finalizado.

Al comienzo de este capítulo has aprendido a hacer una transición suave entre la introducción y la primera parte del cuerpo de tu discurso. Para recapitular, una clave para hacer una transición suave consiste en emplear una broma que mantenga vivo el interés del público. Las introducciones son lo suficientemente cortas como para que la broma de transición baste. No obstante, cuando avances de una sección del cuerpo de tu discurso a la siguiente necesitarás añadir algo más. Las secciones del cuerpo del discurso suelen tener una mayor duración. En una conferencia TED de dieciocho minutos, podrían rondar los cinco minutos. En tal caso, debes resumir la sección rememorando la vivencia que has explicado o a los hechos que has revelado. En un despliegue de maestría sin paliativos, la novelista nigeriana Chimamanda Adichie en su ponencia en TEDGlobal 2009 lo hizo de la siguiente manera:

«Como yo leía libros en que los personajes eran extranjeros, estaba convencida de que los libros, por naturaleza, debían tener extranjeros y narrar cosas con las que yo no podía identificarme. (Pausa) Todo cambió cuando descubrí los libros africanos. No había muchos disponibles y no eran tan fáciles de encontrar como los libros extranjeros.»

En esta transición, Adichie recuerda de un barrido las anécdotas y los hechos que acaba de compartir acerca de sus vivencias siendo una niña que creció leyendo libros anglosajones. Antecede a la frase «Todo cambió...» con una pausa. Y expone la transición con un tono conversacional más apagado que la pasión con que narra las secciones principales del grueso de su discurso. La transición de Adichie es sutil, suave, a la par que señala claramente al público que su objetivo es mostrar el contraste entre la literatura africana y la literatura británica y estadounidense.

Recapitulemos

- Construye transiciones que refuercen el mensaje clave de la sección anterior y tienten al público con las ventajas de averiguar qué les depara la sección siguiente.
- Construye el cuerpo tripartito de tu discurso utilizando el hilo narrativo de situación-complicación-resolución.
- Combina hechos racionales con vivencias emocionales.

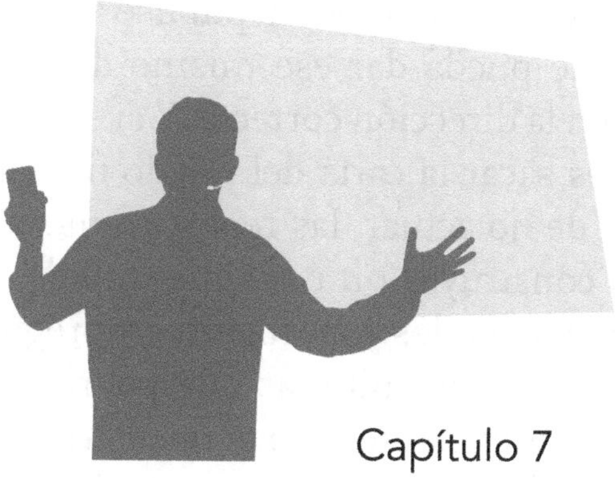

Capítulo 7

CÓMO CONCLUIR LA CHARLA

Ha llegado el momento de esbozar la conclusión. Cuando emitas una señal clara de que te aproximas al final de tu ponencia, el nivel de atención de algunas personas aumentará, de manera que el lenguaje que emplees será esencial. Sin lugar a dudas, puedes salvar la papeleta con un «En conclusión...». Sin embargo, todos sabemos que puedes hacerlo mejor. Por ejemplo, podrías usar algo por el estilo de: «Y así llegamos al final de nuestro viaje por hoy y al principio de su futuro...» o «Ha llegado la hora de que tomen una decisión...».

La conclusión es tu última oportunidad para motivar al público a cambiar de perspectiva o para espolearlo a pasar a la acción. Debes transmitir sensación de urgencia. Una manera de hacerlo consiste en abreviar las frases y hablar en tono más apasionado. Además, todos los elementos de la conclusión de tu discurso deben guardar relación con el tema central del mismo. Tu objetivo debería ser reforzar el beneficio para el público, el «porqué», en la conclusión de la ponencia. Puesto que los cambios siempre cuestan, explica al público un paso siguiente sencillo que pueda dar ese mismo día para empezar a avanzar en la dirección correcta. Y si es necesario, incluso puedes sacar la carta del miedo mencionando un «En caso de no actuar, las repercusiones...».

En tu discurso construyes un caso que impulsa el cambio. Ponte en la piel de los espectadores y pregúntate cuáles son las objeciones últimas que podrían tener. En tanto que conferenciante, puede resultarte difícil hacerlo, pero puedes solicitarle a un amigo que ejerza de abogado del diablo. Es imprescindible que abordes estas dudas finales.

Nunca concluyas una charla TEDTalk con un resumen soso al estilo de un informe de libro. También debes resistirte a la tentación de introducir materia nueva al final de la ponencia. Los conferenciantes TED concluyen sus presentaciones de los modos más diversos. Entre los más habituales figura la retrotracción a la anécdota personal, la estadística alarmante o la pregunta provocadora con la que han iniciado su discurso. Otra opción consiste en narrar una historia de esperanza, por lo común sobre alguna persona que ha aplicado el «cómo» que has descrito en tu ponencia. Procura que el relato de la conclusión no se centre exclusivamente en ti, ya que eso te colocaría en un pedestal y cercenaría tu conexión personal con el público.

También puedes invocar explícitamente al público a pasar a la acción o formularle una pregunta imperiosa. O si lo prefieres, pronuncia la primera parte de tu eslogan pegadizo y deja que los espectadores lo concluyan por ti. Por ejemplo, Simon Sinek podría haber concluido con un «La gente no compra lo que haces, compra...» y haber realizado una pausa para que el público rematara su frase con «... el porqué lo haces».

Brené Brown, profesora en el University of Houston College of Social Work, nos ofreció una de las conclusiones de un discurso más imponentes que he escuchado nunca en una TEDTalk. La meta de la doctora Brown era que los espectadores cambiaran de perspectiva con respecto a la vulnerabilidad y, en lugar de concebirla como una fuente de dolor, la concibieran como una fuente de poder. Instó al público a aceptar la vulnerabilidad para vivir una vida plena y satisfactoria. Y reforzó su mensaje con la conclusión siguiente:

«Pero existe otra manera... y me despido con esto. He descubierto algo y es que tenemos que mostrarnos como somos, mostrarnos vulnerables. Hay que amar con todo el corazón aunque no haya garantías. Es algo muy difícil y, como madre, puedo asegurar que puede llegar a ser extremadamente difícil. Ejercer la gratitud y la dicha en esos momentos de terror cuando nos preguntamos: "¿Puedo amarte tanto? ¿Puedo creer en esto tan apasionadamente? ¿Puedo enojarme tanto por esto?". Puedo detenerme y, en lugar de ser catastrófico, decir: "Estoy muy agradecido porque estoy vivo, porque sentirse vulnerable significa estar vivo". Y, por último, creo que es más importante creer que somos suficientes. Porque cuando funcionamos desde la perspectiva de "Soy suficiente", entonces dejamos de gritar y empezamos a escuchar. Somos más amables con las personas que nos rodean y más amables y considerados con nosotros mismos. Eso es todo. Gracias.»

Apréciese que Brené Brown no se limitó a utilizar una, sino tres frases de transición para indicar que avanzaba hacia su conclusión: «Pero existe otra manera... y me despido con esto. He descubierto algo». Y separó cada una de estas frases con una pausa para captar la atención del público. Su conclusión es imponente, personal y emotiva. Sus preguntas aumentan el nivel de tensión entre el público al sembrar la duda sobre uno mismo. Entonces, inmediatamente, añade una salva de afirmaciones inspiradoras. «Soy suficiente». Procurando lo mejor estropeamos a menudo lo que está bien y, desde luego, no me gustaría destrozar el discurso de Brené, que roza la perfección, pero, si pudiera introducir un pequeño cambio, consistiría en reemplazar el lenguaje centrado en el «yo» y el «nosotros» por el «tú» o el «ustedes».

Una última reflexión sobre cómo cerrar una charla. Existe un debate eterno sobre si la última palabra que debes pronunciar debe o no ser «gracias». En el bando del sí, sus defensores afirman que se trata de un acto final de gratitud que cimenta el vínculo con el público. En el campo del no, los detractores alegan que rompe la trascendencia del mensaje central y puede dejar a la vista una pequeña grieta en la armadura de confianza del ponente. Ambos bandos tienen razón. No existe una respuesta correcta. Lo que sí puedo decir es que casi todos los ponentes de las charlas TED finalizan sus ponencias con un «gracias», así que puede interesarte aplicar esta regla no escrita. Una buena alternativa es la fórmula que Nigel Marsh utilizó para concluir su conferencia sobre cómo alcanzar el equilibrio entre la vida y el trabajo: «Y eso, creo, es una idea que vale la pena difundir».

En el transcurso de tu charla deberías ser capaz de fusionar anécdotas y hechos. En realidad, las anécdotas o relatos son la pieza central, ya que el deseo de cambio es algo emocional, no lógico. En el capítulo siguiente analizaremos cómo los conferenciantes de TED hilvanan historias absorbentes.

Recapitulemos

- Emplea un lenguaje que señale claramente que te aproximas al final de la charla.
- Comparte el «porqué» que impulsa la idea unificadora de tu discurso.
- Invita al público a pasar a la acción indicándole cuál es el siguiente paso a dar, un paso sencillo, y transmítele cierta sensación de urgencia.

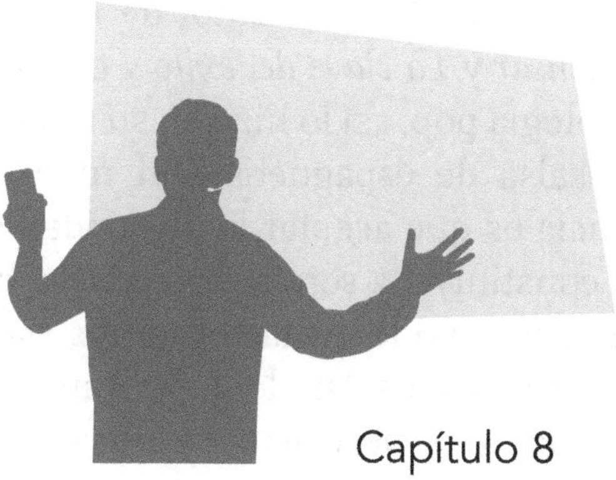

Capítulo 8

CÓMO CONTAR HISTORIAS

Si tu objetivo es aburrir a los espectadores hasta que acaben arrancándose el pelo a mechones y se saquen los ojos, entonces avasállalos con hechos durante los dieciocho minutos que dura una charla TEDTalk... aunque los organizadores de TED jamás te permitirían que lo hicieras. Cada fragmento de tu discurso, la introducción, el nudo y la conclusión, ofrece una oportunidad para contar una historia. Puedes elegir entre esbozar por encima tu relato, tal como hizo Jill Bolte Taylor cuando describió cómo estudió su propio derrame cerebral. O tal vez te interese más narrar una secuencia de anécdotas, tal como han hecho muchos ponentes de TED igualmente excelentes.

La primera pregunta que cabe formularse es qué anécdota o anécdotas contar. La respuesta fácil es que siempre es mejor recurrir a episodios extraídos de vivencias o de observaciones personales. Pero ¿es imprescindible que así sea? No. Una buena excepción a la regla es trasladar historias de investigaciones académicas a la vida real. Malcolm Gladwell, autor de *Blink: el poder de pensar sin pensar* y *La clave del éxito* y cronista poliédrico de la psicología pop, así lo hizo en su famoso discurso sobre la «salsa de espaguetis». El mensaje central de su ponencia es que aceptar la diversidad de los seres humanos constituye la senda más certera hacia la felicidad. A la gente no le gusta comer los espaguetis siempre con la misma salsa, le gusta cambiar. Para demostrarlo, Gladwell necesitaba explicar una anécdota sobre otra persona.

«Así que decidí hablar sobre alguien que creo que ha hecho más por hacer felices a los estadounidenses que probablemente nadie en los últimos veinte años. Un hombre que es un gran héroe personal para mí. Alguien llamado Howard Moskowitz, famoso por reinventar la salsa de los espaguetis.

Howard es bajito y rechoncho, tiene setenta y tantos años, lleva unas gafas enormes, tiene el pelo canoso y ralo, exhibe una maravillosa exuberancia y vitalidad, tiene un loro, le encanta la ópera y es un gran aficionado a la historia medieval.»[4]

Con estas pocas frases, Gladwell hizo dos cosas brillantes a la par que sutiles. Primero, nos hizo visualizar al extraño y canoso Howard Moskowitz, y lo hizo aplicando la regla de «mostrar sin explicar» de los cuentacuentos. Malcolm podría haberse limitado a afirmar: «El doctor Moskowitz es un hombre renacentista en todos los aspectos». Eso habría sido revelador. Sin em-

4. http://www.ted.com/talks/malcolm_gladwell_on_spaghetti_sauce.html

bargo, consiguió el mismo objetivo de un modo más eficaz explicándonos el interés de Howard por los loros, la ópera y la historia medieval. Su descripción tenía un alto contenido sensorial.

La segunda estrategia inteligente de Malcolm Gladwell consistió en convertir a Howard Moskowitz en el protagonista. En tanto que conferenciante, una de las cosas más nefastas que uno puede hacer es colocarse a sí mismo en un pedestal. Sitúate de igual a igual con tus oyentes o, si lo prefieres, como guía, pero jamás como alguien superior a ellos. Convertir a otra persona en la protagonista de tus anécdotas personales o de las historias ajenas que elijas narrar es un modo fantástico de hacerlo. Ello te permite mostrarte humano y compartir tus fracasos, tus defectos y tus frustraciones. Uno de mis expertos de la oratoria favoritos es Craig Valentine, el campeón mundial de discursos públicos Toastmasters de 1999, quien asegura que hay que «quedar como alguien parecido [al público], pero con un proceso especial». Ese proceso especial es el «cómo» que estás compartiendo de forma altruista.

La autora de *Come, reza, ama,* Elizabeth Gilbert, se saltó sin darse cuenta esta regla en su ponencia en TED2009 al mencionar su éxito repentino:

«Y lo peculiar es que recientemente escribí un libro, una memoria titulada Come, reza, ama, *que, a diferencia de mis libros anteriores, salió al mundo por alguna razón y se convirtió en un éxito enorme, megasensacional e internacional.»*[5]

5. http://www.ted.com/talks/elizabeth_gilbert_on_genius.html

A pesar de que, en un alarde de ingenuidad, había decidido utilizar este contexto para comentar en tono de sorna que jamás en la vida sería capaz de superar este hito, el daño era irreparable. De hecho, lo repite justo antes de concluir su discurso, cuando alude a su próximo libro como «la peligrosa, atemorizante y sobreanticipada secuela de mi extraño éxito». Gilbert tenía buenas intenciones, de verdad. Estaba verdaderamente sorprendida por su éxito, quizá fuera la persona del planeta a quien más había sorprendido. El problema estriba en que compartir tu asombro por tu propio éxito te coloca en un pedestal. Esta transgresión, como es de prever, no fue el fin del mundo para Gilbert, habida cuenta que su ponencia sobre cómo sobreponerse a las dudas sobre uno mismo y dejarse llevar por la pasión es la undécima TEDTalk más vista de todos los tiempos y ha influido de manera positiva en millones de vidas, incluida la mía propia. No obstante, conviene evitar encumbrarse a uno mismo, aunque sea sin querer.

Una vez hayas escogido la clase de historia que deseas narrar, debes estructurar el argumento. Nunca falla recurrir a la estrategia sobradamente demostrada de empezar por presentar a los personajes, inmiscuirlos en un conflicto emocional y luego proporcionar un desenlace. Así ocurre en los típicos periplos de los héroes clásicos.

Los personajes reales, con sus verrugas y complejidades, son la base de todo relato estimulante. Al identificarse con rasgos específicos de esos personajes, los oyentes se asocian o asocian a personas que conocen con los protagonistas. Para ayudar al público a establecer este vínculo, presenta a tus personajes al principio de la narración con un lenguaje muy descriptivo. Si bien los seres humanos son los personajes más efectivos a tal fin, puedes sustituirlos perfectamente por empresas, animales, entornos o lo que quiera que encaje con tu objetivo. Para describir el decorado donde se producirá el conflicto subsiguiente, asegúrate de comunicar sin ambages las necesidades y los deseos de tus personajes.

Invita al público a participar en tu historia, a revivirla contigo reinterpretando a los personajes y sus reacciones. Cada personaje debería tener una personalidad clara y diferenciadora. Para ello debes explicar: lo que se ve, inclusive su postura y sus gestos; lo que se escucha, es decir: el tono de su voz, y lo implícito, por ejemplo sus rasgos y sus anhelos. En lugar de narrar lo que hacen los personajes, otórgales un diálogo dinámico, hazlos participar en una conversación. Y no pasa nada por embellecer la historia... hasta cierto punto.

Ten en cuenta que los personajes también deberían tener una ubicación fija en el escenario. Al encarnar a un personaje en concreto, sitúate en su posición en el escenario. Y cuando necesites hacer de narrador, una buena técnica consiste en dar un paso adelante en dirección al público para a continuación retroceder y volverte a meter en la piel del personaje.

Colocando obstáculos entre tus personajes y sus necesidades inyectas conflicto de un modo que suscita el sentimiento de empatía del público y su deseo de resolver el problema. Es más, incluso exponer un único obstáculo puede resultar muy efectivo cuando se dispone de un tiempo limitado para contar la historia. No obstante, la mejor estrategia consiste en levantar progresivamente barreras más altas, que tus personajes deberán ir salvando, sin quitarles nunca la zanahoria de delante. Así alimentarás la intensidad y el suspense. Las barreras erigidas pueden entrañar conflictos intrapersonales, interpersonales o sociales.

En el clímax de la historia, aplica una de las prácticas consagradas entre los guionistas de Hollywood. Elegir entre el bien y el mal es fácil y poco interesante. Los personajes creíbles siempre realizan una mínima acción conservadora en cada paso de su viaje. Las historias absorbentes obligan al protagonista a escoger entre dos bienes o, más habitual aún, entre dos males.

Cada historia debería tener un final positivo o negativo definitivo. (Desde luego, dejar la conclusión en suspenso es una tercera opción, pero conviene reservarla para las películas con secuelas previstas.) Las historias con finales optimistas resultan muy inspiradoras. Invitan a los espectadores a pensar: «Yo también puedo hacerlo». En cambio, los relatos cautelares son más eficaces para transmitir enseñanzas. Puesto que el placer es una motivación mucho más potente a largo plazo que el dolor, recomiendo explicar anécdotas con finales felices la mayor parte del tiempo. El desenlace de tu historia te brinda la oportunidad de transmitir sabiduría. Por ejemplo, si concluyes explicando cómo te hizo sentir la historia que has narrado, añades una profundidad adicional, pues revelas tus sentimientos.

El momento para sacar a colación las calamidades se presenta cuando intentas instilar las virtudes de la seguridad a un público que trabaja en profesiones peligrosas, como la construcción o la defensa de la ley.

Nada invita más a prestar atención que un «escuche bien o usted podría ser el siguiente en morir en un accidente por descuido completamente evitable». Si vas a explicar una historia que acaba en un desastre, destina tiempo al final para explorar los modos como los personajes podrían haber evitado su destino.

Lo que caracteriza una gran historia es que permite ir descubriendo capa tras capa de sabiduría mediante la interpretación. Esta sutileza radica en no centrarse demasiado abiertamente en el resultado. Para permitir al oyente que sea él quien pele la cebolla debes llenar tus historias de contenido personal y emocional, así como de detalles sensoriales vívidos.

No es necesario que las historias sean objetivas. De hecho, las historias más absorbentes se explican desde un punto de vista subjetivo. Es necesario que dejes entrever tus sentimientos y eso solo se consigue cuando uno está auténticamente convencido de lo que expresa. Una vuelta de tuerca interesante de este tema consiste en narrar una historia de manera secuencial desde múltiples puntos de vista.

Debes saber que tendrás mucho más éxito contando historias optimistas que con las pesimistas, incluso en un entorno de desilusión; siempre que puedas, identifica primero lo que está mal y luego avanza hacia resultados positivos. Es cierto que el público ansía encontrar a ponentes que narren historias auténticas, pero prefiere las que además son apasionadas y divertidas.

De hecho, tal vez te interese prolongar el arco emocional de tu relato. Este arco es la progresión ascendente que conduce a tus personajes de su estado actual a su estado anhelado.

Figura 8.1. Muestra de un arco narrativo (el viaje emocional del público)

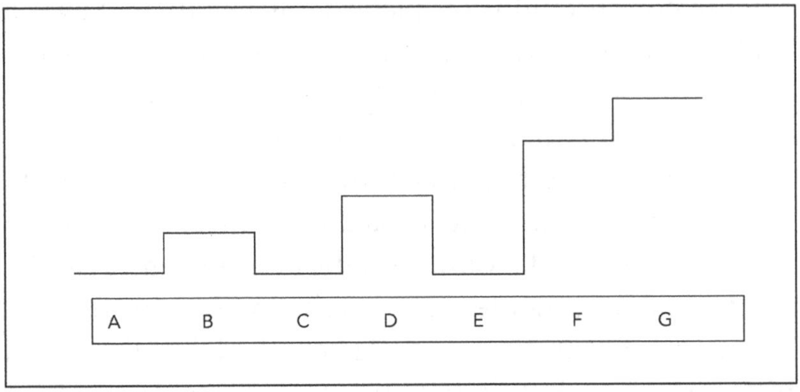

En la figura anterior, los personajes inician su viaje anclados en el punto A, su estado actual, con el futuro en juego. Por analogía, el público comienza su singladura en el punto A con un escepticismo sano o una incredulidad absoluta. En el punto B, el protagonista encuentra su primer obstáculo y reacciona de un modo que lo hace avanzar positivamente hacia delante. Sin embargo, en el punto C descubre que la acción acometida era necesaria, pero insuficiente. Entonces, en el punto D, topa con otro desafío que debe superar. De nuevo, la tensión revive cuando el protagonista descubre, en el punto E, que la segunda acción también era imprescindible, pero insuficiente. El punto F representa la mayor de las trabas. Solo combinando las tres acciones el protagonista logrará alcanzar su estado deseado en el punto G y lograr una nueva normalidad. El arco en su conjunto comprende las tres acciones que hay que acometer o las tres estrategias que es preciso aplicar.

En tu charla, deberías exponer cada punto clave con un potente doble impacto de historia y hechos. Las técnicas esbozadas en este capítulo te ayudarán a tejer una narrativa rica en diálogos y cargada de emociones. En la siguiente parte del libro aprenderás a aplicar las estrategias de presentación tanto orales como de otro tipo que despliegan los mejores narradores de TED.

Recapitulemos

- Narra historias extraídas de tu experiencia personal o de tus propias observaciones.
- «Muestra sin explicar» utilizando una descripción muy sensorial, personajes reales y mucho diálogo.
- Conduce al público por un viaje emocional en el que tus personajes vayan encontrando y salvando obstáculos en su persecución de un objetivo final.

Segunda parte

EXPOSICIÓN Y DISEÑO

Capítulo 9

CÓMO DOMINAR LA EXPOSICIÓN ORAL

Para causar sensación en el escenario de TED debes dominar la exposición oral. Por suerte, dispones de multitud de oportunidades fértiles para practicar, pues hablar en público no es más que una versión amplificada de mantener una conversación cotidiana. Por supuesto, se trata de un arma de doble filo. Las imperfecciones presentes en el discurso habitual se magnificarán durante las ponencias. No obstante, con un poco de práctica podrás transformar tu discurso oral tanto en los escenarios como fuera de ellos.

Con la excepción de los artistas de la palabra hablada y los narradores con formación clásica, los conferenciantes de TED acostumbran a adoptar una de dos personalidades discursivas. Si procedes del ámbito académico, puedes meterte en la piel de profesor chiflado. Se trata de un estilo fácil de identificar, porque, nada más verlo, tu cerebro exclama: «Caramba, ¡menudo tío más raro! ¡Y parece sentirse orgulloso de serlo!».

La mayoría de los ponentes de TED adoptan el tono de un conversador apasionado en un *tête-à-tête*. Si recurres a esta estrategia, debes expresarte con autenticidad, interés y humildad. Utiliza un vocabulario claro y cotidiano, sin jergas especializadas, y genera con él oraciones breves mas completas. En una charla TED media se emplea el vocabulario propio de un estudiante de instituto. Tu entusiasmo e interés deberían transmitir una curiosidad, una fascinación y un asombro contagiosos. Para mostrar humildad, asume el papel de un guía que decide libremente compartir su experiencia y aparca el ego. El más mínimo tufillo a autobombo desencantará al público.

Steve Jobs es el epítome del conversador apasionado. Puedes atisbarlo en el conmovedor discurso de la ceremonia de graduación que pronunció en la Stanford University en 2005, pero aún resulta más evidente en sus presentaciones ante MacWorld de años más recientes. Su vocabulario está repleto de superlativos como «fascinante» e «increíble». Escuchándolo, cualquiera diría que intentaba desafiar el statu quo para hacer del mundo un lugar mejor y te sobrevienen unas ganas terribles de unirte a su cruzada.

Si eres una persona corriente, entonces seguramente hablarás con muletillas. Las personas utilizamos muletillas porque nos incomoda el silencio. Las más habituales son «ehh» y «humm», pero las personas más evolucionadas han conseguido enmascararlas con otras más elaboradas, como «así que», «en realidad» e incluso algún que otro sonidito labial. Más traicioneras, aunque se incluyen dentro de la misma categoría, son las palabras y locuciones «como», «¿sabes?» y «del estilo de», ya que expresan incertidumbre, aparte de inmadurez, sobre lo que se está diciendo.

La cura más potente para erradicar la plaga de muletillas es el método de «ráfagas y pausas». Habla en ráfagas separadas por pausas. La pausa no solo sustituye a la muletilla, sino que te otorga un cierto aura de autocontrol. Un breve silencio te proporciona tiempo para recopilar y estructurar tu siguiente ráfaga de pensamientos. Además de los beneficios personales, la pausa concede al público el tiempo necesario para procesar tus palabras. Las pausas más dilatadas añaden énfasis dramático, como una exclamación sutil pero potente. Captan la atención de los espectadores. La pausa es un regalo que nunca sobra.

Una vez hayas suprimido la mayoría de las muletillas mediante el dominio del arte de la pausa, debes añadir variedad vocal para que tu discurso resulte interesante. Empieza por modular el volumen de la voz. Si hablas en voz baja, puedes conseguir que los espectadores se inclinen hacia delante en sus sillas y presten atención. En cambio, si hablas en voz muy alta, ordenas que se te preste atención. En cualquiera de los casos, respira hondo y proyecta la voz para que las personas de la última fila también te oigan. A continuación, varía la velocidad. A título de ejemplo, puedes aumentar gradualmente la velocidad y acortar las frases para añadir más emoción. Y si aún quieres echar unas gotas más de teatralidad, varía el tono (agudo y grave) y la cadencia (subidas y bajadas rítmicas de la inflexión de la voz).

Tu exposición oral traspasa la mecánica del habla que utilizas e impregna las palabras que empleas. Para potenciar el interés del público, convendría que hicieras un uso libre de los detalles sensoriales, descriptivos y vívidos. Imágenes, sonidos y olores son los elementos más fáciles de incorporar. En determinadas situaciones, es posible que incluso puedas entretejer el gusto y el tacto. El pequeño peaje que debes pagar por ser ampuloso queda sobradamente compensado por el impacto que consigues al permitir que tu público se forme una imagen mental.

En su clásico de 1936, *Cómo ganar amigos e influir sobre las personas*, Dale Carnegie afirmó: «Recuerda que el nombre de una persona es, para esa persona, el sonido más dulce y más importante en cualquier lengua». Cuando se trata de hablar a diez o más personas, por no mentar ya los discursos que se pronuncian ante cientos o miles, evidentemente no es práctico dirigirse a ellas por su nombre. Sin embargo, se puede establecer un vínculo cercano hablando en segunda persona del singular o del plural, con el «tú» o el «vosotros», o la variante más formal, el «ustedes» (tercera persona del plural). De hecho, los mejores conferenciantes de TED utilizan esta forma al menos el doble de veces de las que hablan en primera persona del singular, con el «yo».

Ten cuidado al utilizar frases en plural como «todos ustedes», «todo el mundo» o «algunos de ustedes». Y también al emplear el inclusivo «nosotros», que te engloba tanto a ti como al público. En lugar de preguntar «¿Cuántos de ustedes...?», cambia la fórmula por «Levanten la mano si han...».

Recapitulemos

- Adopta el tono de un interlocutor apasionado en una conversación cara a cara.
- Añade variedad modulando el volumen de tu voz y el ritmo de tu discurso.
- Dirígete a tu antojo al público interpelándolo directamente.

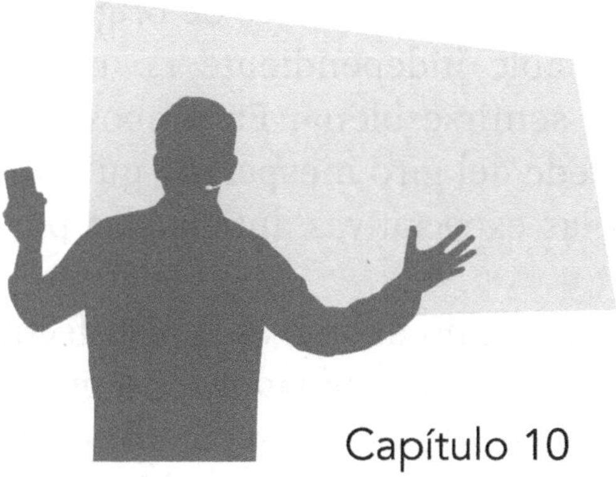

Capítulo 10

CÓMO AÑADIR UN TOQUE DE HUMOR A LA CHARLA

No soy una persona divertida por naturaleza. O, al menos, no creo serlo. Pero, en ocasiones, a todos nos gustaría conectar con nuestro Jerry Seinfeld[6] interior. Este capítulo te explicará unas cuantas técnicas sencillas para añadir una chispa de humor a tus presentaciones.

El principio fundamental que cabe recordar es que no hay humor sin sorpresa. En tanto que seres humanos, nos deleitan esos giros inesperados que desafían nuestras expectativas y nuestra sensibilidad. Precisamente por eso la palabra clave o el eslogan se reservan para el final. Analicemos por ejemplo el chiste siguiente, atribuido a Joe Pasquale: «¿Ven esto? [señalándose una uña]. Es mi padrastro. Mi padre de verdad se largó cuando yo tenía tres años». O mejor aún, al menos si eres un amante de las matemáticas o conoces a alguien

6. Cómico y actor estadounidense recordado por la serie televisiva *Seinfeld* que protagonizó. *(N. de la T.)*

que lo sea, reflexiona sobre este chiste de origen desconocido: «Una variable independiente no necesita otras variables para sentirse bien». En ambos ejemplos, el humor procede del giro inesperado que, en la parte final, desafía las expectativas anticipadas por el cerebro.

Gastar bromas sobre uno mismo es fácil y efectivo. Al vivir en sociedad, estamos condicionados a guardar las apariencias. Por eso nos reímos con auténtico deleite cuando los conferenciantes bajan la guardia y revelan que también son humanos. Nos reímos cuando los demás desvelan sus errores, cuando comparten sus defectos de carácter e incluso cuando explican historias de dolor físico, siempre y cuando hayan logrado sobreponerse. De hecho, si nos detenemos a pensarlo, Mel Brooks llevó esta sorna un paso más allá: «[Desde vuestra perspectiva] Tragedia es romperse una uña y comedia que yo me caiga en una alcantarilla abierta y muera».

En su TEDTalk de 2008, la investigadora neuronal Jill Bolte Taylor describió cómo había estudiado su propio derrame cerebral mientras tenía lugar. Se trata de un tema que podría hacer saltar las lágrimas a muchos. Y, sin embargo, Taylor consiguió que los asistentes se desternillaran de la risa al confesarles lo rarita que es:

«Y en ese momento mi brazo derecho se paralizó totalmente. Y entonces me di cuenta. "¡Oh, Dios mío, estoy teniendo un derrame cerebral!". Y lo siguiente que me dijo mi cerebro fue: "¡Oh! ¡Qué genial! (Risas.) ¡Esto es genial! ¿Cuántos científicos del cerebro tienen la oportunidad de estudiar su propio cerebro de dentro hacia fuera?"»

Exagerar la realidad es una estrategia infalible para provocar carcajadas. Este sencillo modo de expresar humor a través de la exageración de la realidad consiste en situar a una persona normal en una situación extraordinaria o a una persona extraordinaria en una situación normal. Algunos ejemplos de estas situaciones implican, por ejemplo: hacer caso omiso de un peligro extremo, reaccionar de manera excesiva a ofensas insignificantes y perseguir sin descanso la futilidad.

Sir Ken Robinson, el conferenciante TED más visto hasta la fecha, sitúa a una persona extraordinaria, Shakespeare, en una situación ordinaria:

«Porque nunca pensaron en Shakespeare de niño, ¿verdad? ¿Se imaginan a Shakespeare a los siete años? Nunca se me había ocurrido... Pero Shakespeare tuvo siete años en algún momento. Y fue alumno en la clase de inglés de alguien. Imaginen lo molesto que debía ser. "Debe esforzarse más." Su padre debía enviarlo a la cama con un: "Venga, a dormir. Suelta ese lápiz y deja de hablar así, que nos confundes a todos."»

A las personas nos gusta rebajar la autoridad unos cuantos puntos. Los expertos que estudian por qué nos reímos han determinado que es precisamente en ese momento cuando nosotros, en tanto que oyentes, experimentamos una cierta sensación de superioridad. Desde luego, esto puede degenerar en un humor cruel y ofensivo del que conviene alejarse en las TEDTalk, por no mencionar ya en la vida en general. No obstante, hay varias circunscripciones de las que sigue siendo políticamente correcto reírse, como el mundo académico o los políticos.

En su TEDTalk de 2007 sobre el desarrollo económico en el mundo, el científico social Hans Rosling la toma con la elite académica:

«Pero una noche, mientras recopilaba los datos para un informe, realmente tomé conciencia de mi descubrimiento. He demostrado que, estadísticamente, los estudiantes suecos de primer nivel tienen un conocimiento del mundo significativamente más bajo que los chimpancés (sic). [...] También realicé un estudio no muy ético de los profesores del Instituto Karolinska, el mismo que entrega el Premio Nobel de Medicina, y están al mismo nivel que los chimpancés en este tema.»[7]

Inserta humor en tus historias repletas de diálogo. En lugar de describir cómo se sentía, en el ejemplo anterior Jill Bolte Taylor incorpora con gran atino el humor en su diálogo interior. En la misma línea, sir Ken Robinson llena de humor las palabras del profesor de inglés y del padre de Shakespeare.

Aprende a «subir el tono». Probablemente te preguntes: «¿Cuán divertido debo ser al abordar el tema central?». Para responder a esa pregunta, ten en cuenta siempre ambos extremos. Los humoristas profesionales cuentan entre cuatro y cinco chistes por minuto, lo cual sería una cifra excesiva para un tema central, además de requerir las dotes de un superhombre para hacerlo bien. Por contra, Bill Gates hizo una broma cada diez minutos en una TEDTalk que sonó bastante sosa.

7. http://www.ted.com/talks/hans_rosling_shows_the_best_stats_you_ve_ever_seen.html?quote=130

En mi análisis moderadamente científico, los conferenciantes de TED más vistos incluyen una media de una broma por minuto en sus discursos. Los mejores hacen dos por minuto. El secreto es que las bromas no están repartidas de manera homogénea por la ponencia. Cuando detectan un tema divertido, «suben el tono», desplegando series de tres ocurrencias, cada una más divertida que la anterior. Sir Ken Robinson es el maestro por antonomasia de esta técnica.

A la hora de pronunciar una conferencia, en ocasiones se nos olvida que no solo tenemos palabras a nuestra disposición. Especialmente en lo tocante al humor, hay varias técnicas no orales que pueden utilizarse para amplificar las carcajadas del público. Los ajustes más sencillos consisten en sincronizar tus expresiones faciales y tus gestos con las bromas. Jim Carrey es el mayor genio de la comedia contemporáneo en cuanto al uso de muecas. Pero no hace falta ir tan lejos en las presentaciones. Incluso hacer mohines más sutiles, como abrir los ojos como platos y enarcar las cejas, ofrece pistas a los espectadores de cuándo reír. Y puesto que las muestras de humor probablemente estén relacionadas con las anécdotas que estés explicando, reacciona con gestos faciales al diálogo de otros personajes. Los gestos corporales y el movimiento también pueden tener un efecto amplificador parecido. Por ejemplo, puedes hacer que un personaje se antoje nervioso o inquieto mediante movimientos frenéticos.

Aparte de ser ofensivo, solo hay otro gran aspecto del humor que debes evitar en tus discursos públicos. Elude a toda costa contar chistes que te hayan contado o que hayas leído por ahí. Este tipo de chiste suele denominarse «chiste del dominio público» o «chiste de la calle». Quienes lo hayan oído con anterioridad te denostarán como alguien poco original. Y quienes no lo hayan escuchado aún, enseguida notarán que se trata de un chiste enlatado. El antiguo arte de contar chistes breves está obsoleto; en la actualidad, los humoristas se concentran en exagerar las críticas sociales y sus vivencias personales. Crea un humor original dotando de teatralidad a los personajes, las historias y los diálogos de tus anécdotas personales.

Hablar en público puede resultar muy estresante y contar chistes a menudo no hace sino aumentar tu nivel de ansiedad. Pero, lo único que debes hacer es preguntarte qué es lo peor que puede suceder. Y lo peor que puede suceder es que uno de tus chistes salga rana y nadie se ría. ¿Y qué? Nadie se va a acordar de ello. Nadie va a hablar de tu intento fallido de contar un chiste frente al dispensador de refrescos. No te van a destituir. La próxima vez que se te presente una oportunidad de hablar, intenta ser divertido. Como ocurre con los inventos, el secreto de conseguir más carcajadas pasa por intentar gastar más bromas, ni más ni menos. Solo recuerda no ser grosero.

Recapitulemos

- Combina bromas sobre ti mismo, exageraciones de la realidad y desafíos a la autoridad para añadir unas notas de humor a tu ponencia.
- Dota de humor tus diálogos.
- En los temas que se presten, encadena tres ocurrencias, cada una más divertida que la anterior, para explicar una media de un chiste por minuto.

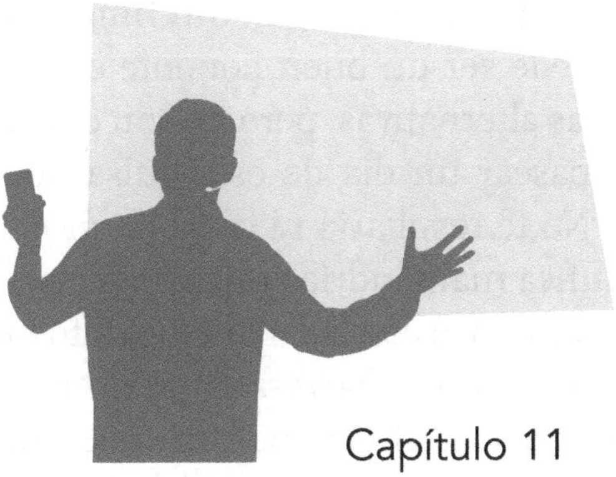

Capítulo 11

CÓMO UTILIZAR EL LENGUAJE CORPORAL

Cuando empecé a hablar en público, mi principal punto débil era que no sabía qué hacer con las manos. Consulté entonces materiales de referencia, donde o bien se recogían generalizaciones inútiles (haz lo que te salga de manera natural) o se enumeraban largas listas de qué no hacer. Yo buscaba desesperadamente que algo o alguien me explicara cuál es el lenguaje corporal ideal.

Para sentirte cómodo con los brazos cuando no estás haciendo ningún gesto, limítate a hacer lo que haces cuando mantienes una conversación con alguien de tu confianza. Cuando dos personas conversan, suelen dejar caer las manos cómodamente a ambos lados del cuerpo en posición de descanso. Esta es la postura básica más efectiva al hablar en público.

En lugar de dejar caer ambas manos a los lados cómodamente con los codos ligeramente doblados, muchas personas consideran que la postura correcta es mantener ambas manos por encima de la altura de la cintura en todo momento. Hay también quien junta las manos y quien las mantiene separadas. Sin ningún género de dudas, se puede ser un buen ponente optando por cualquiera de estas alternativas, pero no son del todo naturales. Imagina pasear un día de esta guisa por la calle, cualquier día. No te resultaría ni cómodo ni natural. Recuerda que nunca mantendrías una conversación con una persona de confianza con las manos en alto todo el tiempo, porque eso crea una barrera entre ambos. Y también desde la distancia erigirías una barrera entre tú y el público. Al margen de la postura de descanso que elijas, asegúrate de ser capaz de mantener la simetría; de otro modo, el público notará la tensión nerviosa.

Pese a que hay múltiples posturas de descanso aceptables, aquí tienes una lista de las que sin duda conviene evitar:

- Hoja de parra: mantener ambos brazos caídos pero con las manos enlazadas por delante revela que eres una persona tímida.
- Manos en los bolsillos: meterte las manos en los bolsillos te hace parecer pasivo o falto de interés.
- Posición de jubilado: mantener los brazos hacia abajo con las manos enlazadas por la espalda sugiere que ocultas algo.
- Manos en jarras: apoyar las manos en las caderas transmite la sensación de que eres una persona desafiante.
- Brazos cruzados: la posición de brazos cruzados se considera negativa y desafiante.

Y ahora que ya sabes qué hacer con los brazos, te interesará realizar gestos naturales con el tronco, por debajo del cuello. A menos que interpretes a un personaje nervioso y cohibido, evita tocarte la cara, la cabeza, el pelo y la nuca. Para aproximadamente la mitad de la población, los gestos con las manos son algo natural de su forma de conversar. Si encajas en ese grupo, adelante, hazlos. Pero si, como yo, formas parte de la otra mitad, entonces vas a tener que esforzarte para hacerlos, pues de lo contrario te quedarás inmóvil como un soldado en el escenario. Al principio te resultará extraño, pero te prometo que al cabo de poco tiempo ya no te sentirás incómodo. La única diferencia entre lo que haces con los brazos en una conversación normal y lo que haces al hablar en público estriba en que debes adecuar la escala de tus gestos con las manos a las dimensiones de la estancia. Cuanto más numeroso sea tu público, más histriónicos deberán ser tus gestos para que todo el mundo los vea.

Los gestos con las manos efectivos te ayudan a amplificar y respaldar tu historia, no la abruman. Tanto su ausencia como su presencia deben pasar desapercibidas. De vez en cuando verás a conferenciantes que repiten el mismo gesto tantas veces que acaba por distraerte de sus palabras. Pese a que la mayoría de los gestos deberían situarse por encima de la cintura y por debajo del cuello, puedes añadir variedad ocupando la esfera que te rodea. En según qué contextos, es perfectamente aceptable alzar los brazos al cielo o cavar en las profundidades de la Tierra. Cuando nos ponemos nerviosas, las personas tendemos a protegernos pegando los codos a los lados del cuerpo. Deja colgar los brazos.

Es probable que de niño tu madre te enseñara que señalar es de mala educación. Sin embargo, muchos ponentes olvidan que esta regla también se aplica a la hora de hablar ante un público. Señalar es cuando menos agresivo y, en ocasiones, puede resultar incluso insultante. ¿Cómo proceder entonces si se tiene la necesidad imperiosa de señalar? Hay dos alternativas que pueden salvarnos el pellejo. La primera consiste en cerrar el puño y señalar con el dedo gordo. Como decimos, cierra el puño con el meñique en paralelo al suelo y el pulgar dirigido hacia el público y apoyado sobre el dedo índice. Se trata de una técnica acertada para destacar un punto concreto, pero hay que utilizarla con moderación. Una alternativa más amistosa pero también más sutil a señalar con el dedo consiste en extender el brazo con la palma de la mano hacia arriba. Para ejecutarla, empieza con el codo doblado y la palma de la mano hacia arriba y luego alarga el brazo hacia el público.

Hacer un uso efectivo de los brazos es solo un elemento de tu presentación en términos de lenguaje corporal. Otro consiste en proyectar un lenguaje corporal positivo general. Para empezar, deberías regalar al público una sonrisa auténtica. Sonreír no solo transmite confianza y calma, sino que, además, ayuda al público a confiar en ti. Lógicamente, no puedes pasarte la conferencia sonriendo. Asegúrate de que tus expresiones faciales estén sincronizadas con tu mensaje. Pese a que un lenguaje corporal positivo se compone de multitud de aspectos, el factor más importante después de tu sonrisa es la capacidad de mantener el tronco cuadrado y equilibrado. Colócate de cara a tu público, con los hombros nivelados y los pies separados a la anchura de las caderas. Y un último consejo: después de formular preguntas, efectúa una pausa y asiente para reconocer los pensamientos tácitos del público. De este modo entablarás un diálogo bidireccional pese a que los espectadores no tengan oportunidad de responderte con palabras.

Una vez domines tu sonrisa y tu postura, debes centrarte en desarrollar la habilidad de establecer contacto visual. La clave para convertirse en un experto del contacto visual radica en imaginar que estás manteniendo una serie de conversaciones con distintos integrantes del público que se prolongan a lo largo de toda una oración o un pensamiento. Hacerlo te ayudará a evitar repasar el público de lado a lado o quedarte mirando el techo o el suelo. Esta técnica consiste en establecer contacto visual directo de tres a cinco segundos con personas aleatorias distribuidas por la sala. Hacia el final de tu ponencia, deberías esforzarte por haberle hablado directamente a todos los presentes al menos en una ocasión. Asegúrate de que encaras el cuerpo hacia la persona con quien hablas y mírala a un ojo, no a los dos. Pese a que no he visto pruebas científicas que lo avalen, algunos expertos en dar discursos recomiendan mirar a la pupila izquierda de la persona cuando se le está formulando una súplica emocional y a la pupila derecha cuando se expone un argumento lógico. La razón para ello es que la parte derecha del cerebro controla las emociones, pero procesa las imágenes del ojo izquierdo, y viceversa. Pero si esto te resulta demasiado complejo de gestionar, elige un ojo, el que sea, y míralo fijamente. En las salas muy amplias, puedes dividir al público en cuatro o más secciones y dedicar entre uno y tres minutos a hablar a cada sección, como si se tratase de una persona.

Para añadir variedad al contacto visual, cerrar los ojos durante lapsos breves tiene mucha fuerza. Funciona a la perfección, por ejemplo, cuando se recuerda algo. La conferenciante de TED Jill Bolte Taylor utiliza esta técnica de forma muy efectiva en varios puntos de su conferencia.

Puedes transformarte en un auténtico profesional mediante unos movimientos efectivos. El objetivo debe ser moverte con fluidez y naturalidad, sin por ello renunciar a la disciplina. Muévete con un motivo, no solo por cambiar. Libérate de la tiranía del atril y de la pantalla.

Para concretar, te recomiendo que concibas el espacio como un escenario teatral con ubicaciones definidas y coherentes para los distintos fragmentos de tu ponencia. Al narrar una historia, los personajes deben ocupar ubicaciones físicas fijas. Si vas a explicar una cronología, empieza por la izquierda del público y ve avanzando hacia la derecha. Ten en cuenta que avanzar hacia el público constituye una técnica fantástica para enfatizar los puntos clave y establecer una conexión personal más profunda.

Permanece quieto en un punto con el cuerpo y los pies apuntando hacia el público mientras aclaras la idea. A continuación, haz una pausa y recurre a una transición. Una vez te hayas detenido, empieza a hablar de nuevo. En lugar de resultar incómoda, esta pausa brinda al público tiempo para procesar la última idea que has expuesto y para prepararse para la siguiente. Desde luego, en algunas ocasiones puede interesarte recorrer una distancia más larga. En tales casos, puedes hablar mientras caminas. Sin embargo, cuando llegues a la nueva posición, asegúrate de detenerte y cuadrar el cuerpo para que no parezca que estás vagando sin rumbo por el escenario.

En su charla en TEDGlobal 2009, el escritor y antiguo redactor de discursos políticos Daniel Pink nos demostró lo que es ser un auténtico maestro del lenguaje corporal. El tema central de su charla era convencer a las empresas para que, en lugar de concentrarse en las recompensas extrínsecas, se concentraran en los incentivos intrínsecos y motivaran así a los trabajadores del sector del conocimiento. Para reforzar esta idea, Pink ilustró un experimento realizado por el científico de la Universidad de Princeton Sam Glucksberg. He aquí cómo Daniel Pink presentó el escenario literal y figuradamente:

«Reunió a los participantes y dijo: "Voy a cronometrar la rapidez con que son ustedes capaces de resolver este problema". Le dijo a un grupo: "Les voy a cronometrar para establecer normas, promedios de cuánto tiempo tardan normalmente en resolver esta clase de problema". Al segundo grupo le ofreció incentivos. Les dijo: "Si están dentro del 25 por ciento de los más rápidos, les daré cinco dólares. Si están entre los más rápidos de los que están participando hoy aquí, obtendrán veinte dólares".»

Cuando pronunció: «Le dijo a un grupo...», Pink se desplazó hacia la izquierda e hizo un gesto hacia la izquierda. Al decir: «Al segundo grupo le ofreció...» dio tres zancadas hacia la derecha y gesticuló hacia la derecha. Mediante el diálogo, el movimiento y los gestos, Daniel Pink imprimió vida al experimento en la sala repartiendo el público en los tres grupos de estudio simbólicos del experimento.

Otro consejo estilístico de vital trascendencia que conviene tener presente es que el público podrá contemplarte en el escenario en todo momento. Tu forma de vestir, tu peinado y tu conducta deben ser coherentes con tu mensaje. Además de la relación que entablas antes de la presentación, tu interpretación incluye todo lo que hagas desde el momento en el que te levantes de la silla hasta el momento en que vuelvas a sentarte en ella. Camina erguido cuando te dirijas hacia el escenario y cuando desciendas de él y, si la situación lo merece, sonríe a discreción.

Recapitulemos

- Empieza con los brazos colgando a ambos lados del cuerpo y realiza gestos naturales por encima y debajo de la cintura.
- Sincroniza tus expresiones faciales con tu mensaje.
- Mantén contacto visual con personas sueltas del público entre tres y cinco segundos. En los entornos más amplios, divide a los espectadores en secciones y dirígete a cada una de ellas de uno a tres minutos.

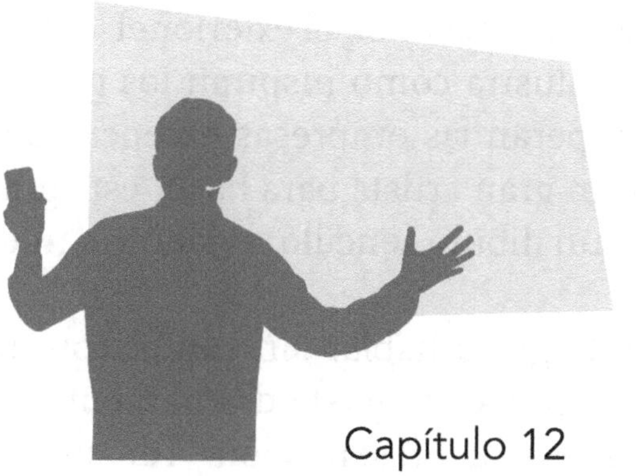

Capítulo 12

CÓMO CREAR VISUALES INSPIRADORES

Cuando piensan en las TEDTalks, a muchas personas les vienen a la mente imágenes con un diseño de diapositivas elegante y muy visual. Y, si bien es una imagen certera, lo mejor que puedes hacer a la hora de impartir una conferencia es no contar con el apoyo de diapositivas. De hecho, cuatro de los ponentes de TED más vistos no utilizaron diapositivas en sus charlas. Entre ellos figura Ken Robinson, que ostenta el récord a la charla más vista.

Si te resulta absolutamente imprescindible utilizar algo visual, hacer un dibujo sencillo constituye una alternativa fantástica a usar diapositivas. Personalmente, mi ejemplo favorito del universo TED es la charla en TEDxPugetSound que Simon Sinek dio en 2009. Transcurridos exactamente dos minutos desde el inicio de su ponencia de dieciocho minutos, Simon se dirige hacia un rotafolio, agarra un rotulador y dibuja su famoso «círculo de oro». Imagina una diana con tres círculos concéntricos. En el central se encuentra el «POR QUÉ»;

en el intermedio, el «CÓMO» y en el exterior el «QUÉ». Este sencillo dibujo ilustra cómo inspiran los grandes líderes y cómo prosperan las empresas excepcionales. No se necesita ser un gran artista para hacer este gráfico; basta con hacer un dibujo sencillo, evidente e inteligible.

Aun así, si no te gusta hablar sin contar con una red de seguridad y tampoco te gusta dibujar, entonces emplea diapositivas en tu presentación. Ten presente que las diapositivas deben servirle al público, y no servirte a ti de chuleta gigantesca. Si dispones de dinero y la apuesta es alta, tal vez te interese contemplar la posibilidad de contratar a un diseñador de presentaciones de primera línea como Duarte Design o Garr Reynolds de Presentation Zen. Si no puedes costearte sus servicios, al menos compra y devora libros interesantes sobre el tema.

En las mejores charlas TEDTalk con diapositivas detectarás tres enfoques distintos del diseño. Se conocen por sus nombres populares: el método Godin, el método Takahashi y el método Lessig. Puedes optar por ser un purista y concentrarte exclusivamente en aplicar un método en tu presentación, pero te recomiendo que combines dos de ellos o incluso los tres para añadir contraste y variedad. No utilices bajo ningún concepto imágenes prediseñadas y reduce al mínimo el uso de versiones, animación y vídeo, ya que estas prácticas desvían la atención de tus palabras.

El empresario y visionario del marketing Seth Godin es célebre por haber evangelizado el uso de las diapositivas llenas de imágenes. Godin ha impartido conferencias en dos eventos TED: TED2003 y TED2009.

Para aplicar el método Godin, llena toda una diapositiva con una fotografía de alta resolución que estés autorizado a reproducir. Un buen truco consiste en desbordar la página con la fotografía, de tal manera que obligues al público a utilizar su imaginación para completar la imagen. Utilizar tus propias fotos es una opción, desde luego. Sin embargo, puede resultar arduo encontrar la fotografía perfecta entre tu inmensa fototeca personal, donde las imágenes están sin etiquetar. Un alternativa excelente pasa por comprar imágenes libres de derechos de autor en galerías fotográficas como iStockPhoto, Corbis, Getty Images, fotolia o Shutterstock Images. iStockPhoto, en concreto, cuenta con una interfaz muy fácil de usar y con unos precios asequibles.

Estos servicios fotográficos ofrecen imágenes de diversos tamaños y formatos de archivo que pueden resultar un poco desalentadores para los neófitos. La regla más sencilla consiste en hacer coincidir el tamaño de la imagen con la resolución de tu proyector en píxeles. Si tienes un proyector SVGA, un formato de imágenes de 800 × 600 basta. Hoy en día, los proyectores más comunes ofrecen una resolución XGA de 1024 × 768. Los proyectores de gama alta proporcionan una resolución SXGA de 1280 × 1024.

En ocasiones, los tamaños de imagen se representan en pulgadas y ppp (puntos por pulgada, también conocidos por sus siglas inglesas: dpi). Considera que un ppp equivale a un píxel y limítate a multiplicar las pulgadas del ppp para obtener la resolución de la imagen. Así por ejemplo, una imagen de 10 × 7,5 pulgadas (o 25,4 × 19 centímetros) a 120 ppp tendría una resolución de 1200 × 900 píxeles, suficiente para visualizarla en un proyector XGA de 1024 × 768. Comprar imágenes de mayor tamaño es malgastar dinero y ocupar más espacio de almacenamiento del necesario, puesto que no puedes proyectar más píxeles de los que ofrece la resolución máxima de tu proyector. En cuanto al formato de archivo, opta por el JPEG/JPG, que proporciona una buena relación de tamaño y calidad para las imágenes fotográficas. El PNG es una segunda opción decente, pero evita los GIF (la calidad es demasiado baja) y los BMP (pues la imagen queda demasiado encharcada).

El segundo diseño de diapositiva indicado para una charla TED es el método Takahashi. Bautizado en honor al programador informático japonés Masayoshi Takahashi, este método consiste, sencillamente, en construir diapositivas con unas cuantas palabras en un cuerpo de letra muy grande. Se trata de una versión muy mejorada del diseño poco elegante de la regla del 7 × 7. La regla del 7 × 7 consiste en crear diapositivas con un máximo de siete viñetas y un máximo de siete palabras por viñeta. En comparación con muchísimas de las diapositivas que pululan por el mundo, la regla del 7 × 7 representa una mejoría enorme. Pero sigue siendo demasiado simple para una conferencia TED, donde el público frunce el ceño si ve un listado de viñetas.

El método Lessig es un híbrido entre el método Godin y el método Takahashi. Como probablemente hayas adivinado, consiste en mezclar una imagen a pantalla completa con un texto muy escueto. Por ejemplo, si tienes a una persona o a un animal alzando la vista hacia la derecha de la imagen, conviene colocar el texto en su línea de visión.

Con independencia del método que utilices, la regla fundamental del diseño gráfico aplicable a la generación de diapositivas es «menos es más». Sé generoso con el espacio en blanco. Procura que las diapositivas individuales sean sencillas y elegantes y que, en conjunto, compongan un todo armonioso. Para empezar, utiliza el número mínimo de palabras o gráficos con relevancia directa preciso para explicar tu idea. Una vez más, tu voz será la banda sonora que proporcionará detalles adicionales. El minimalismo se amplía también a limitar la cantidad de tipografías, colores e imágenes utilizados.

Asimismo, la densidad de conceptos también debe ser minimalista. Las mejores diapositivas solo contienen un mensaje nuclear. Si tienes una diapositiva con dos gráficos circulares, divídela en dos diapositivas. Craig Valentine, experto en formar a personas para pronunciar discursos, ofrece una guía fantástica: «Utiliza las diapositivas como el lugar donde despegas y aterrizas». Nada más.

La mayoría de los diseñadores emplean una única tipografía en un diseño. Puesto que muchas diapositivas tienen títulos o mensajes al estilo de titular breve de prensa, la mejor elección es una variante de la Helvetica, incluida su prima hermana, la Ariel. Cada tipografía transmite un contexto emocional, por lo que conviene ajustar la letra elegida al mensaje que se está comunicando. La Helvetica transmite un tono neutro a la par que autoritario, lo cual la convierte en una buena elección para la mayoría de las presentaciones. La mayor parte de los letreros y logotipos de empresas que vemos están diseñados con esta letra.

Si necesitas o quieres utilizar múltiples fuentes, lo mejor es moverte siempre dentro de una misma familia tipográfica. Aparte del cuerpo de la letra, las distintas fuentes varían en grosor (fina, normal y gruesa) y en el estilo (cursiva, negrita, etc.). Todas estas variantes, además del uso comedido de distintos colores de letra, te servirán para generar contraste. No obstante, es posible que topes con una circunstancia excepcional en la que precises utilizar algo más marcadamente distinto. En tal caso, explora los detalles técnicos de las tipografías.

La Helvetica es una tipografía de palo seco, lo cual significa que las astas de los caracteres carecen de esos pequeños remates decorativos. Si quieres mezclar la Helvetica con otra familia, es recomendable que lo hagas con una tipografía con serifas o caligráfica para dejar claro que el contraste es intencionado y no accidental. Mientras que las fuentes de palo seco como la Helvetica son idóneas para los titulares, una tipografía con serifas como la Times New Roman funciona mejor para los fragmentos más largos de texto, ya que los remates ayudan a guiar la lectura. De ahí que, si prestas atención a la mayoría de los anuncios, comprobarás que la Helvetica se utiliza en los títulos y la Times New Roman en el cuerpo general del texto. Tal vez no sea ni inteligente ni creativo, pero es muy frecuente porque funciona bien y es una elección excelente para el resto de nosotros. La Times New Roman transmite credibilidad y clasicismo. Si necesitas generar un contraste marcado, puedes (eso sí, con mucha prudencia) utilizar una letra caligráfica. Te recomiendo usar la Lucida Calligraphy, que transmite la sensación de una caligrafía elegante.

La regla del «menos es más» también se aplica al uso del color. Elige una paleta limitada a un máximo de cinco colores. Para mantener la coherencia entre las imágenes, las tipografías y los fondos, una práctica excelente consiste en extraer los colores de una imagen o un conjunto de imágenes que utilices en la presentación. En general, las paletas más efectivas son las monocromáticas, donde el color es siempre el mismo y lo que varía es el tono o el valor (más claro o más oscuro) y la intensidad o saturación. Otra alternativa consiste en optar por un contraste sutil pero inequívoco con un esquema de color análogo, es decir: un esquema que emplee colores adyacentes en la rueda de color. Para un contraste más osado, que conviene usar siempre con precaución, emplea colores complementarios situados en polos opuestos de la rueda de color.

También debes ser cauteloso con los colores que utilizas para el fondo y el primer plano de tus diapositivas. Por regla general, utiliza colores fríos como el azul, el verde o el plateado para el fondo y colores cálidos como el rojo, el amarillo y el naranja para el primer plano. Los colores neutros, como el blanco y el negro, también funcionan bien para fondos. A la hora de presentar datos, utiliza un color plano que no interfiera con el mensaje.

Además de la filosofía del «menos es más», conviene interiorizar otro conjunto de principios relativos a la ubicación óptima del texto y las imágenes. De nuevo, se trata de uno de los temas a debate entre la comunidad del diseño, pero yo recomiendo aplicar la «regla de los tercios». Divide la diapositiva en una retícula de tres por tres, es decir en nueve cuadrantes iguales, y utiliza dicha retícula para alinear tanto el texto como las imágenes. Es perfectamente aceptable que los elementos ocupen múltiples cuadrantes, pero, cuando así sea, procura que responda a una decisión consciente e intencionada. Por ejemplo, imagina que hubieras ocupado toda una diapositiva con una sola imagen de naturaleza. En tal caso, alinearías el horizonte con una de las dos líneas horizontales de la retícula. Si el cielo está apagado, alinéalo con la de arriba. Si en cambio el cielo es espectacular, alinea el horizonte con la línea inferior de la retícula.

La retícula te servirá de guía para conocer dónde se encuentran los puntos focales en la diapositiva. Hay cinco. Los cuatro primeros se hallan en las intersecciones de las líneas de la retícula y son lugares fantásticos para colocar una imagen. El quinto es más sutil y se localiza en el centro visual de la diapositiva, justo arriba y a la derecha del verdadero centro.

Recapitulemos

- Da la charla sin ayuda de diapositivas.
- Si te es imprescindible usarlas, genera diapositivas sencillas con muchas imágenes y poco texto.
- Recalca los puntos clave utilizando un contraste moderado e intencionado de color, tipografías y distribución de los elementos en la diapositiva.

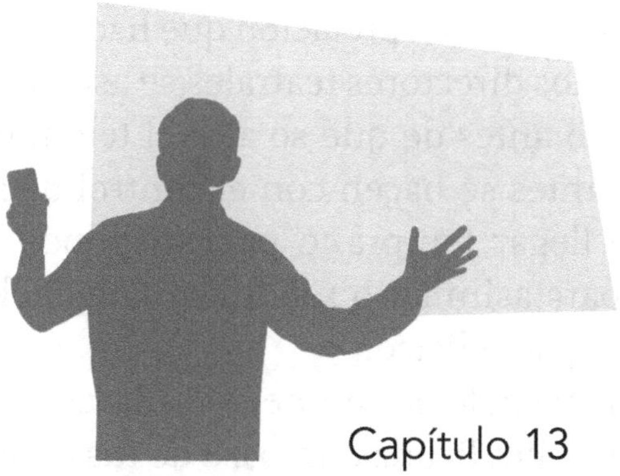

Capítulo 13

CÓMO SUPERAR EL PÁNICO ESCÉNICO

El miedo a hablar en público es algo real y universal. Clasificarlo como racional o irracional no hace que desaparezca. Saber que hay personas que consideran hablar en público algo peor que la muerte tampoco ayuda. Pero existen unos cuantos consejos muy fáciles que te ayudarán a manejar tus miedos.

El control del pánico escénico empieza con lo que haces mucho antes del día de la presentación. En concreto, si vas a impartir una TEDTalk, deberías ensayar ante un entorno crítico al menos tres veces. Un orador experto puede servirte como entorno crítico, pero es conveniente que reúnas a un grupo reducido de amigos y colegas para ejercer de público. Practicar varias veces te ayudará a familiarizarte con el contenido de tu conferencia y a hablar con aplomo. Puesto que tu objetivo debería ser hablar como si mantuvieras una conversación, evita memorizar o leer un guion.

Es muy probable que tu temor se intensifique cuando llegues a la sala de conferencias. Dar una charla, a fin de cuentas, es una interpretación que haces para el público. Tal como los directores teatrales se aseguran de que todo esté listo antes de que se alce el telón, los grandes conferenciantes se hacen con el control de su entorno. Conviene llegar temprano para disponer de tiempo suficiente para asimilar o modificar la tecnología disponible y el espacio físico.

Si vas a utilizar tecnología, no dejes nada al azar. Comprueba el micrófono. Realiza un pase de tus diapositivas para verificar que el ordenador funciona y que los gráficos se muestran según lo previsto. Es fácil caer en la autocomplacencia. En una ocasión inserté una imagen de una señal de stop bastante inocente en una presentación y no llevé a cabo un ensayo general. Para mi conmoción y horror, la señal de stop empezó a parpadear de manera odiosa en la ponencia ante los directores de mi empresa. Por suerte, tenían sentido del humor, pero aprendí que la prudencia nunca está de más.

Entender e incluso cambiar tu entorno es tan importante como comprobar la tecnología. Al margen de si puedes alterar el entorno o no, deberías tomarte el tiempo necesario para planificar cómo utilizarás el espacio físico. Por ejemplo, si puedes moverte libremente por el escenario mientras hablas, puedes determinar dónde detenerte y qué caminos tomar. Y si puedes alterar el contexto, tal vez te interese reconfigurar las sillas y mesas, añadir o eliminar un podio, o reubicar una pizarra blanca móvil.

Llegar con tiempo para poder controlar el entorno te infundirá una seguridad que te acompañará a lo largo de toda la presentación. Pero hay un beneficio aún más gratificante. Una vez se domina la tecnología y el espacio físico, llegar con tiempo te brinda una oportunidad de oro para entablar contacto con el público antes de comenzar la conferencia. Escuchando atentamente conseguirás establecer aliados y ser capaz de incorporar sus perspectivas e historias a tu discurso.

A la hora de iniciar la conferencia, recuerda que el público quiere que sea un éxito. Pese a que no recomiendo memorizarla de principio a fin, sí que conviene memorizar la introducción. Si arrancas mal, tu seguridad se verá mermada. Un buen truco consiste en llevar un esbozo de la charla en el bolsillo. Pese a que probablemente no lo necesitarás, saber que está ahí te infundirá seguridad. Si te sabes el discurso de memoria y te sientes confiado de exponerlo ante el público, puedes optar por aplicar la práctica de los oradores profesionales y vaciarte los bolsillos por completo antes de subir al escenario.

Para finalizar, recuerda que los oradores nerviosos tienen tendencia a hablar demasiado rápido. Aminora el ritmo y efectúa todas las pausas que necesites. Las pausas otorgan al público tiempo para asimilar el mensaje, y a ti, tiempo para respirar honda y lentamente. (Las pausas también forman parte de la cura del método «ráfagas y pausa» para paliar la plaga de las muletillas descrita anteriormente.)

Recapitulemos

- Practica tu discurso un mínimo de tres veces ante un entorno crítico.

- Llega con tiempo a la sala para familiarizarte con la logística y con el público.
- Recuerda que el público quiere que la ponencia salga bien.

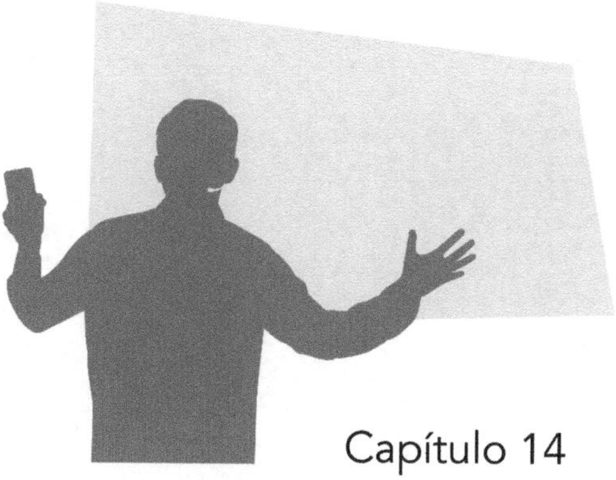

Capítulo 14

DEJA DE LEER Y EMPIEZA A HABLAR

Mientras escribía este libro, analicé atentamente muchos vídeos de ponencias TED. Pero, del mismo modo que visionar muchos vídeos de Ferran Adrià no me va a convertir en un cocinero *gourmet*, visionar a muchos grandes oradores no te convertirá en un gran ponente. Leerte toda una biblioteca de libros sobre impartir discursos en público tampoco te transformará en un conferenciante de órdago. Necesitarás practicar ante un entorno crítico que te proporcione comentarios y opiniones sobre tu discurso. Así que empieza a difundir tus ideas.